ATÉ VOLTAR ÀS RAÍZES

um caminho de volta à essência e reflexões para uma vida com propósito

GABI ARTZ

© 2019, por Gabi Artz
© da edição 2019, por Crivo Editorial

Edição: Haley Caldas e Lucas Maroca de Castro.
Projeto Gráfico, diagramação e capa: Lila Bittencourt
Revisão e leitor sensível: Amanda Bruno de Mello
Curador da coleção: Fernando Suhet.

Dados Internacionais de Catalogação na Publicação (CIP) de acordo com ISBD

A792a Artz, Gabi
      Até voltar às raízes / Gabi Artz. - Belo Horizonte: Crivo Editorial, 2019.
      128 p. : il. ; 14cm x 21cm

      ISBN: 978-65-5043-012-2

      1. Autoconhecimento. 2. Inteligência Emocional. I. Título
2019-1455 CDD 158.1
        CDU 159.947

Elaborado por Vagner Rodolfo da Silva - CRB-8/9410

Índice para catálogo sistemático:
1. Autoconhecimento 158.1
2. Autoconhecimento 159.947

"Revisado segundo o novo Acordo Ortográfico da Língua Portuguesa (Decreto Legislativo n°54, de 1995)"

Crivo Editorial
Rua Fernandes Tourinho, 602, sala 502
30.112-000 - Funcionários - BH - MG

www.crivoeditorial.com.br
crivo-editorial.lojaintegrada.com.br
contato@crivoeditorial.com.br
facebook.com/crivoeditorial
instagram.com/crivoeditorial

ATÉ VOLTAR ÀS RAÍZES

GABI ARTZ

Meu sincero e profundo agradecimento a todos que se conectam com esse projeto, que enviaram fotos para a criação do material, participaram e participam desse processo de cocriar um novo mundo e ajudaram na construção e no lançamento desse livro.

Com vocês o sonho é possível.

Convido você a entrar em um universo novo. Tanto dentro de si mesmo como desse livro que você pegou para si. Nada é por acaso nessa vida e, se essa leitura te encontrou, é porque de alguma maneira você a atraiu ou porque, em alguma conexão dentro dessa imensidão, o seu caminho cruzou com o meu. Desafio você a não criar opinião sobre a imagem de nenhuma pessoa que está representada nas fotos artísticas. Nem boa, nem ruim. Te convido a vê-las apenas como uma extensão de você. Porque é isso que somos. Te desafio também a aplicar isso na vida de maneira prática. Enxergar o outro e agir com os seres e com a natureza através da perspectiva de que tudo que aqui existe é uma extensão de você. Energias que vibram em uma corrente. Enxergamos apenas uma parte do que nos rodeia. Todo o resto que a gente não enxerga, é o que de fato nos conecta e nos influencia o tempo inteiro. Não alcançamos somente até onde o nosso braço chega e não precisamos ver somente até onde chega o nosso olhar. Temos a possibilidade de tocar o infinito. Temos a possibilidade de enxergar muito mais.

Te desejo uma boa viagem para dentro de si.
Com todo o meu amor,
Gabi

O CAMINHO

A sabedoria é um caminho cheio de humildade. E a humildade carrega mais sabedoria que do que eu conseguiria expressar. Existe um universo inteiro de estudo dentro de nós. Tanto do que podemos ver e tocar quanto do que podemos sentir.

A realidade é complexa, dúbia. O ser humano também. Tudo o que existe pode ser e pode ser que não. Cada reflexão é uma nova semente. Vamos plantando o que queremos que cresça e floresça dentro da gente. Exponho um pouco do que vem me transformando por completo, que me refez e me ajudou no processo de me buscar, de me reencontrar e de continuar buscando uma melhor versão da vida e de mim em um constante sair e voltar ao centro.

Quando a gente se conecta de volta com a nossa essência, principalmente depois de termos nos perdido muito de nós, e isso reflete positivamente na nossa vida, o que de fato é ou não é já não importa tanto, porque o que importa é a mudança prática que faz a gente viver em maior harmonia com nós mesmos, com a natureza e com o outro.

Na teoria, tudo é prática. E a vida é uma confissão de que a teoria não basta. Nunca vai bastar. Não tem como explicar a complexidade do ser em livros. Dá para expor uma ideia. Mas a busca é infinita. E sempre será. É um processo de construção, desconstrução e reconstrução. É só na prática que a gente sente.

A existência é grande demais pra caber em palavras. E o ser humano é complexo demais para ser descrito em textos. A vida é uma confissão. Uma confissão diária de que nem ela mesma se basta. E assim a arte existe, porque o ser transborda. O ser transborda porque não cabe nele mesmo. E a vida transborda porque nem nela mesma cabe tanta vida de uma vez.

A CAMINHADA

O mundo existe desde muito antes de chegarmos aqui e vai existir até muito depois que formos embora, então talvez a busca não seja descobrir de onde viemos e para onde vamos, porque seria uma busca vã. Sinto que a busca é voltar à essência e conhecer a nós mesmos para desvendar alguns mistérios que permeiam a existência e assim criarmos uma experiência melhor enquanto estivermos aqui e para todos que aqui ficam e chegam depois de nós.

Para conhecer o universo é preciso se conhecer e para se conhecer é preciso ir fundo na própria vida, mergulhar no autoconhecimento e parar de buscar o que quer que seja no mundo externo. É preciso esquecer e se desconectar de todas as ilusões diárias e se conectar com cada célula do nosso corpo, com cada parte do nosso ser, sentindo a consciência de cada milímetro, sem pensar em um limite corpóreo. Essas células e essa consciência não pertecem a um só corpo. Elas estão conectadas com tudo o que existe, não só no planeta, como também na imensidão do universo.

Somos um infinito de micropartículas interferindo umas nas outras. Por isso não é eficiente pensar em nosso corpo e em nossa mente separadamente, por isso não é eficiente pensar em nós e no mundo separadamente. Somos um conjunto. Somos feitos de pontinhos bem pequenos que, unidos nos transformam nesse corpo que até parece grande, parece separado dos outros, mas é completamente conectado a tudo e minúsculo no meio dessa teia gigante de energia, no meio dessa imensidão.

É bom se imaginar um pouco de fora, porque por dentro conseguimos ser tão imensos e o mundo consegue ser tão intenso. E quando olhamos pro todo, de longe nos enxergamos tão pequenos, no meio de um universo completamente interativo, reativo – e assim como a nossa consciência – em constante expansão. Então percebemos que, por mais solidão que possamos sentir em alguns momentos, jamais estaremos sós. E por mais que, olhando de longe, sejamos minúsculos, jamais seremos pequenos demais para mudar o mundo. Juntos somos o infinito.

Você é seu próprio guia
Mas cuidado para não se perder
Dentro de nós
Tem ego
Tem alma
E energia

Tem também um certo poder
Que alguns chamam de fé
E outros de magia

Aprender a usá-los a nosso favor
É transformar medo em amor
Conflito em sinergia

Tem horas que a confusão da vida acumula. E quanto mais acumula, parece que menos a gente sabe lidar. Submersos por milhões de expectativas, frustrações e cobranças, nossa ansiedade vai pro topo. Não dá pra deixar a própria vida tirar o nosso brilho de viver.

A maneira como a sociedade funciona hoje deixa as pessoas mais tempo preocupadas e ansiosas do que felizes e realizadas. E se isso tá acontecendo, então talvez essa não seja a melhor maneira de passar pela vida. É muito fácil não encontrar um sentido, porque a forma como a gente tá vivendo hoje realmente não faz o menor sentido. Ou a gente muda a forma como levamos e enxergamos a vida, ou nada realmente vai melhorar de fato. Mas a gente pode continuar fingindo que tá tudo bem. E continuar escondendo nossas verdades mais secretas, nossas questões mais internas. E continuar sem resolver nossos medos, traumas e frustrações. E continuar levantando cedo para ir para um trabalho que nos esgota e que não amamos, para comprar coisas de que não precisamos. E continuar deixando a nossa mudança para depois, e continuar nos enganando. É uma escolha. Mas é somente mudando a nós que um dia poderemos mudar o mundo. Somente entendendo a nós que conseguiremos entender o outro.

Criamos uma sociedade que evolui tecnologicamente a todo tempo, mas, em nossa essência, continuamos sendo animais e, como animais, temos certos comportamentos, tendências e emoções que se contrapõem à vida que levamos hoje. Nossa biologia não nos pedia para trabalhar sentados em uma cadeira mais ou menos oito horas por dia por grande parte da nossa vida. Aliás, acredito que ela nem contava com isso. Mas somos seres adaptáveis. E a maioria de nós se adaptou a esse estilo de vida mesmo sentindo e sabendo que não é o melhor para nós e que acaba encurtando essa vida que já nos é tão breve.

Inventamos uma maneira de viver tão complexa que é como se tivéssemos criado um novo organismo, com seu próprio funcionamento e estrutura, dentro de um que já existia em princípio. Esse sistema que criamos está destruindo aos poucos o organismo inicial que nos permitiu a vida, ou seja, acaba nos destruindo aos poucos também. Somos parte indispensável dessa estrutura que inventamos, que nada cria e nada opera sem a nossa presença. Diferente da natureza, dos rios, das cachoeiras, do nascer do Sol, do ciclo da Lua etc, que acontecem com ou sem a nossa vontade e ação.

Ainda não entendemos completamente todo o processo que acontece dentro e fora de nós, sem o nosso menor esforço, que faz a Terra girar, a manhã renascer e a gente continuar respirando e pulsando o coração vinte e quatro horas por dia. Então o que de fato é existir?

EXISTIR É TÃO IMENSO
QUE DENTRO DESSE VERBO
SE EXPANDE O UNIVERSO
E CABE A CRIAÇÃO INTEIRA

Talvez, para entendermos um pouco melhor o que somos, seja necessário silenciarmos esse organismo que criamos e operamos freneticamente, para de fato começarmos a jornada de volta às nossas raízes.

É preciso silêncio para organizar a bagunça que a vida joga pra gente
Para entender o caos que acontece no mundo
Para entender o caos que acontece na mente
Para entender consciente, ego, superego, inconsciente
Para tentar entender o que é o universo
Para tentar entender o que é ser gente
Para colocar a casa em ordem
Porque a gente mora dentro da gente
É preciso silêncio para curar o que a gente não entende
O que não dá para esquecer
É preciso silêncio para escutar o que o universo quer dizer
É preciso silêncio para conhecer o outro e para se conhecer
O ser humano faz muito barulho
Barulho é importante
Mas, às vezes, a gente não percebe
Que só é preciso silêncio

Nossa cultura ocidental ainda desentende muito o silêncio. Muitos se sentem desconfortáveis com ele. Às vezes vemos como timidez, infelicidade. Uma pessoa muito quieta é vista muitas vezes como antissocial, esquisita. Julgamos o tempo todo com as nossas próprias percepções e assim acabamos não respeitando o nosso silêncio, nem o silêncio do outro. Queremos que cada um supra as expectativas que criamos dentro da nossa verdade de mundo e da nossa visão de cada pessoa.

Esquecemos que cada um, assim como nós, está passando o tempo todo por milhões de questões internas, lidando não somente com a vida que acontece fora, mas também com a vida que acontece dentro. Com as próprias cobranças, as próprias dúvidas, as próprias inseguranças. Vamos libertar as pessoas da necessidade de nos satisfazer. Vamos nos libertar da necessidade de controle sobre o caos externo e interno, até porque um reflete o outro. Tudo em excesso faz mal. Conversa em excesso também intoxica e chega uma hora que a gente está falando por falar e acaba falando até o que não queria.

A comunicação é a base das relações e uma das ferramentas mais importantes de evolução, mas conhecer além do que se ouve e do que se vê é tão importante quanto comunicar. Tocar o silêncio e realmente escutar. Sentir o outro. O cheiro, o olhar, a intenção, a energia. E o mesmo serve para nós. É preciso muita conversa interna para nos entendermos, mas apenas no silêncio podemos compreender o que é puramente SER e realmente sentir a nós mesmos para nos reconhecer.

A expansão da consciência é igual à expansão do universo. Acontece no vazio. O limite não existe. O espaço é infinito. As possibilidades são inimagináveis. O mundo nos exige atenção o tempo inteiro. Nos pede prontidão. Somos bombardeados com imagens, produtos, vontades. O grande resultado: insatisfação. Queremos sempre mais. Somos julgados por muito. Cuidamos do que comemos, do que vestimos, do que falamos e do que fazemos. Esquecemos muitas vezes de cuidar do mais importante. Cuidar do que vibramos e do que sentimos, que vêm através do nosso pensar. Se tem algo em nós que é mais poderoso que tudo, esse algo é o pensamento. E não podemos entregar a nossa mente de bandeja para esse mundo de valores completamente bagunçados. Se assim fizermos, pode ter certeza, ficaremos insatisfeitos com nós mesmos e com a nossa vida.

É hora de nos libertar. Vamos esquecer esse sentimento de falta que nos prende. Esse sentimento de que sempre falta algo. Olhe pra dentro. Escute as respostas do silêncio quando conseguimos silenciar não só a boca, mas também a mente. Percebemos que não falta nada. Aliás, sobra. Sobram motivos para agradecer.

Respirar é precioso. Conseguimos atingir estados profundos com o poder da respiração. E assim expandimos nossa consciência em uma pura conexão. Muitos de nós ainda respiram de forma errada ou invertida. Inspire e infle bem a barriga, não o peito, nem o ombro. Expire e contraia, massageie os órgãos com esse movimento. O pulmão se enche por completo. A ansiedade cede lugar pra calma e a gente volta ao momento presente.

Nenhum problema merece tirar nossa paz e, mesmo que seja um desafio se lembrar disso nos momentos de desespero, preocupação não muda realidade. Ação e intenção mudam. Preocupação não melhora a vida. Positividade melhora tudo. Quando estamos preocupados, enviamos uma informação de tensão através da nossa energia e o nosso ponto de atração com o universo se cria através dessa tensão. Somos donos da nossa realidade e cocriamos nossa caminhada a cada instante. A paz não é algo externo ou distante. Quanto mais esvaziamos a nossa mente, mais ela se expande e a respiração é a chave mestra para a expansão, afinal, oxigênio é o nosso maior combustível.

Não damos tanta importância pra isso. Vivemos a rotina

como quem já tem o ar como garantido, mas, quanto mais aumentamos a qualidade da nossa respiração, mais aumentamos a qualidade de vida que temos. Isso tem muito a ver com cuidar daquilo que nos fornece esse ar também. A qualidade da nossa vida está intimamente ligada à saúde das nossas florestas e oceanos. A mesma vida que corre nos rios e mares corre nas nossas veias.

Quando não nos curamos de algo, é porque esquecemos que a cura está dentro de nós e esquecemos que somos nossos próprios curadores. Acabamos entregando todo o nosso poder ao externo. Criamos uma sociedade insegura que criou a doença e esqueceu a própria cura. Esperamos por milagres, mas os milagres são tão rotineiros quanto o Sol que nasce todos os dias. A gente precisa se permitir enxergar. A gente precisa se permitir curar.

É um perfeito paradoxo essa experiência que temos aqui. Se contássemos, não acreditariam. É como se vivêssemos por um fio, na linha tênue de sentir que seremos eternos.

É muito mais sobre ser do que sobre existir. E com certeza é muito mais sobre sentir. A gente não sente só na pele. A gente sente na alma. A gente sente até onde a gente não entende. Até onde a gente não vê. E não somos esse universo que criamos de materialismo, consumismo, aparências e desassossego. Nossa essência é pura luz e pura paz. São nos momentos mais profundos que a gente se dá conta de tudo. Até da fragilidade da vida que nos parece tão firme. Somos a natureza, no sentido mais cru da palavra. Somos a criação. E somos reais. Infinitos. Fortes. Mutantes. Chega de nos contentar com coisas rasas quando podemos nos aprofundar muito mais. Somos tão reais quanto os milagres, pelo fato de que somos os próprios milagres. Não se explica a criação. Não se explica a evolução, que mesmo com tanto estudo e ciência ainda existe o elo perdido. Não se explica a cura espontânea do ser. Não se explica o próprio ser. Não se explica a vida. A vida é para ser sentida e para ser valorizada. E, por ser tão fugaz e imprevisível, escorre intensidade. É ela que nos faz reais. É ela que nos dá vida enquanto damos vida a ela.

Milagres acontecem o tempo inteiro. Eles existem dentro e fora de nós. E lutamos. Superamos. Enfrentamos. Para assim evoluirmos cada vez mais e buscarmos o encontro com a nossa própria luz. Passamos por desafios que nos derrubam e nos fortalecem. E renascemos, porque inexplicavelmente vale a pena. Cocriamos a nossa realidade o tempo todo e continuamos nos curando e evoluindo, em um processo intenso, doloroso e lindo, que nos rasga e nos costura o peito, que nos amassa e nos faz voar, às vezes em mil momentos, às vezes ao mesmo tempo... Mas o que não tem explicação, explicado está.

A maior profundidade do universo
Está no vazio
A gente passa uma vida
Se aprofundando em nada saber

E mesmo assim
Só assim
É possível se conhecer

OS GRANDES PEQUENOS PASSOS

O autojulgamento pode ser uma escada se usado com leveza e sabedoria, mas se for pesado e usado sem compaixão, se transforma na prisão que mais destrói sonhos. Acreditar em si e na vida nos permite voar bem alto até tocar as milhões de possibilidades que pairam sob o céu para atingirmos nosso melhor potencial. Quando nos deparamos com a altura ilimitada dentro da nossa mente e percebemos que esse potencial é ainda maior do que imaginamos, a transformação se torna infinita.

Plantamos todos os dias hábitos, crenças, ideias, pensamentos, intenções e sentimentos em nós. Quando temos consciência desse jardim interno, podemos regar o que precisa ser regado, cuidar do que muitas vezes esquecemos e ver florescer tudo o que queremos sentir e realizar. Ao conhecermos a mente, descobrimos que existem maneiras de atingir níveis mais profundos do subconsciente e conseguimos ter uma conexão maior com nossas memórias para transformar o que ainda nos prende.

Nossa mente vibra em ondas Delta, Theta, Alpha, Beta e Gamma. Tudo o que a gente pensa, sente e faz é regulado por essas ondas, que estão em constante movimento.

Dependendo da situação, uma onda se torna predominante. O cérebro funciona como um time e, se cada um faz sua parte, a gente ganha mais qualidade de vida. Vou falar rapidamente sobre as ondas, pra gente entender os processos seguintes. Delta é o ritmo que temos quando dormimos um sono profundo, são ondas mais lentas. Quanto maior a porcentagem de Delta, mais profundo é o sono. Theta é um estado profundo de relaxamento que ativa a memória e as emoções, também conhecido como o estado hipnótico da mente, no qual nosso cérebro estaria armazenando e/ou atualizando informações, por isso muitas terapias que trabalham com o subconsciente utilizam essa frequência. Alpha é a onda predominante do estado meditativo, quando temos a calma, mas não o sono. É **a onda que nos permite eliminar a poluição mental.** As ondas Beta aparecem durante o estado de consciência, conhecido como o estado de vigília, de atenção e alerta. E a onda Gamma é a maior onda de frequência, relacionada ao alto processamento cognitivo. Em diferentes níveis, ela está presente o tempo todo, até quando dormimos. Alguns estudos dizem que a felicidade mostra picos de onda Gamma, outros estudos dizem que seus efeitos na meditação junto das ondas Alpha se relacionam com um sentimento de amor profundo por todos os seres.

Enfim, há vários benefícios e desequilíbrios dentro de cada onda, dependendo da quantidade em que se apresentam. Por mais que eu tenha resumido em poucas palavras, esse tema daria um livro inteiro. Planto a semente aqui para quem quiser se aprofundar. Entender melhor as frequências cerebrais nos permite compreender os processos mentais e emocionais, utilizando cada onda a nosso favor. Podemos escutar essas frequências diariamente para nos equilibrar, dependendo do que estamos buscando no momento, e também nos aprofundar em qual pensamento e qual ação nossos estimulam cada onda, para que possamos nos alinhar com a forma como queremos viver.

Todos querem colher os frutos, mas nem todos estão dispostos a plantar... Quando vamos para dentro da mente e do subconsciente, encontramos novas informações que trazem a diferença para nossa vida. Nesse aprofundamento, o mais importante é não se julgar e não se enganar. Não tem ninguém aí, apenas você. É um momento de realmente se encarar para libertar. O mal e o bem sempre andaram lado a lado.

Não existe um sem o outro, portanto, se liberte da autocrítica para realmente expandir a mente.

Vamos nos conectar. Se atente em sua respiração. Se você tem dificuldade com a imaginação, respire e se concentre porque é através dela que acessamos um dos nossos grandes poderes, o de cocriar a realidade. Nesse momento a leitura é necessária, mas depois o ideal é fazer esse tipo de processo de olhos fechados. Respire fundo e continue respirando com consciência.

Imagine um raio de luz brotando do seu coração. Ele rapidamente adentra o solo, passa todas as camadas de terra, chega no núcleo da Terra e você avista um cristal. Repare na cor desse cristal, na primeira cor que vem à sua mente. Abrace esse cristal, se carregue com essa energia. Você cria a sua realidade primeiramente através da sua capacidade de imaginar, de pensar e de sentir.

Então você avista um jardim. Esse é o seu jardim interno. Repare como ele está. A terra está fértil e em equilíbrio, com excesso de água ou seca? Como estão sendo regadas a sua saúde mental, física, emocional e espiritual? E a sua saúde financeira? Você está regando uma muito mais do que a outra? Liberte-se das expectativas. Não existe certo e errado, apenas existe o que é. Vá olhando o jardim, se conectando com cada aspecto do seu ser. Expresse o seu amor pela vida. Ponha a mão na terra, mexa nas plantas, imagine uma energia de cura e de amor sendo enviada para todo o jardim e se expandindo por todas as suas células. Trabalhe no seu jardim interno e cuide do que precisa ser cuidado. Plante hoje o que você quer ver florescer e vá cuidando disso aos pouquinhos. Amanhã, se conecte de novo e vá vendo como está fluindo.

Quando a gente transforma nossas emoções e aspectos da vida em imagens, tudo fica mais claro. Quando a gente agradece pela oportunidade de evolução, também. Nesse momento de conexão consigo mesmo, você envia uma nova informação de calma, autocuidado e gratidão que automaticamente altera o seu ponto de atração. Então, não faça por obrigação. Faça por amor, para que você se conecte na frequência mais alta. Encontre o significado da cor que visualizou o cristal. Nosso subconsciente manda mensagens o tempo todo. Basta a gente saber captar. Faça o que precisa ser feito na prática para que floresça o que foi plantado.

Ter plantas em casa é outra fonte de elevação da energia.

Cada planta tem uma finalidade e um significado. Para cada doença humana, existe uma planta que é a sua cura. Quanto mais plantas, mais purificados são o ar e a energia. A conexão com a terra, o mexer na terra curam. Plantar cura. As plantas são seres carregados de energia pura.

As plantas são pequenos presentes da Terra
Assim como as estrelas são pequenos presentes do Céu
Tudo na vida tem um motivo
Toda existência tem seu sentido
Cada qual com o seu brilho
Cada brilho com seu papel

AUTOCONHECIMENTO É UNIR O QUE ACONTECE FORA COM O QUE ACONTECE DENTRO

Autoconhecimento não é só interno. É algo que começa em nós até se expandir ao outro, afinal, estamos completamente conectados. E como tudo é momento e movimento, nesse segundo a gente já não é o que era há um segundo. Se não somos, o outro também não é. Estamos a todo instante em um constante reconhecer. Lidamos com a nossa mudança diária, mas não estamos dentro de outra mente para conseguir entender os outros processos. Muitos relacionamentos entram em crise porque não entendem a própria transformação e a transformação das pessoas ao redor. Achamos que já conhecemos o outro por completo. Mas ele, assim como nós, está em constante mudança. Então, em um relacionamento, estamos nos aproximando ou nos afastando um pouco mais todos os dias. Entender em qual distância estamos reflete a qualidade da relação. Nossos relacionamentos são nossos reflexos mais profundos. Por isso são tão desafiadores, e o autoconhecimento é essencial. Quanto mais eu me conheço, mais eu conheço e entendo você. E por mais que seja interessante se descobrir junto, é preciso se descobrir por si também. Valorizar a individualidade porque cada personalidade tem algo para somar no mundo. Quando a gente se apaga, a gente apaga a possibilidade de fazer algo diferente que ajude a nós mesmos e a todos aqui. Quando a gente nega quem somos, negamos o crescimento e a melhora. É na busca pela identidade que a gente encontra o propósito do que podemos desenvolver para transformar essa experiência que temos.

Quando uma pessoa encontra seu propósito maior e vive seus propósitos diários, ela não ajuda somente a ela e aos que estão em sua volta, ela ajuda a consciência coletiva também, se unindo à consciência cósmica. A transformação planetária começa em cada um. Ao transformarmos o nosso pequeno ponto de sombra em luz, iluminamos o universo. Melhoramos a nossa vida e a de todos que aqui vivem. E, para isso, é necessário calar a voz do medo.

Existe uma melodia única em cada ser
E os que vibram no medo
Acabam por desligar o dom,
silenciar o próprio som ou se esconder
Se esconder pra quê?
Se esconder não é sinônimo de se proteger
A alma quer mostrar a cara
Se encara. Diga a verdade pra você
Para. Se olha. O que você vê?
Tira todas as máscaras. Destrava. Fala
O que sente em ser?

Amassa os papéis que a vida impõe. Pensa. Questiona
O que pode acontecer?
Se não sabes o que és então me diz...
Quem vai saber?
Ninguém
Você é tudo o que tem e
é desse tudo que o mundo precisar ter...
Alguém

A gente não elimina o medo. A gente conversa com ele, silencia. A gente acolhe, abraça nosso medo e o encara até transpassá-lo. Ninguém está aqui à toa e, se nós nascemos, temos um papel importantíssimo nesse mundo. Talvez a gente não tenha se dado conta disso na proporção que deveria. Bom, ninguém deve nada e cada um faz o que quiser, dentro do limite da liberdade do outro, isso é verdade. Mas precisamos ser mais enfáticos quando dizemos que sim, cada pequena decisão nossa influencia no todo. Talvez muita gente esteja completamente distante de saber o que tem de especial para acrescentar no mundo. Cada um tem o seu tempo e seus aprendizados que fazem parte desse processo também. Enquanto a gente não se trabalha a fundo, a transformação não acontece. Podemos ficar reclamando, podemos nos anestesiar com remédios e outras fugas ou então podemos aprender a desvendar o que se passa dentro de nós.

Vibramos muito no medo de sermos julgados, rejeitados, de não sermos amados... Mas qual é a pior coisa que pode acontecer? Pense no seu maior medo. O que tem de pior se isso acontecer? Você vai chegar a uma resposta. Cave essa resposta. E o que tem de pior nisso? E de pior nisso que você cavou mais um pouco? No fim, nossos milhões de medos e camadas de medo se afunilam em medo da solidão, da dor ou da morte. E o que tem de pior nisso? Vamos morrer em algum momento de qualquer maneira. Vamos sentir dor uma vez ou outra inevitavelmente e a solidão é completamente ilusória. Quando negamos quem somos, quando não vamos atrás do que realmente importa pra gente, podemos estar rodeados de pessoas e continuaremos nos sentindo sós. A dor de não realizar o que a alma pede vai gritar e tomar conta de tudo e, mesmo vivos, já estaremos experienciando a morte.

A conclusão aqui é que tentar agradar o mundo ou o outro para tentar suprir um desejo de ser aceito e de ser amado vai de encontro com o que a gente espera, assim a gente acaba fazendo o caminho inverso. Deixar o medo nos travar vai nos causar exatamente a mesma coisa da qual estamos fugindo. Somos os únicos representantes do nosso sonho nessa Terra, cada um aqui tem uma digital que ninguém no mundo tem igual, honre a oportunidade que a vida te deu. Honre a jornada que você escolheu. Honre o divino que habita aí dentro. E confie na vida. O que você busca também dá um jeito de chegar até você.

O que é seu te encontra
Como uma mãe encontra sua cria
Como um beija-flor encontra a flor
Como um mestre encontra a sabedoria

O que é seu te encontra
Porque faz parte de algo bem maior
Mas aquilo que você quer que seja seu
Talvez não te encontre
Porque antes de qualquer coisa
É preciso entender que
Nem sempre o que queremos
É realmente o melhor
E mesmo quando o que é seu te encontra
É preciso compreender do fundo do seu eu
Que nada de fato
Exclusivamente é seu

Buscar além do que se vê dá mais trabalho, com certeza. Mas não tem preço descobrir a beleza de ser o que se é e se libertar do que ainda aprisiona. Isso não tem nada a ver com ser algo que o mundo diz que é bom ser. Tudo o que queremos ser para agradar os outros, para nos encaixar no que dizem ser melhor ou para suprir as expectativas do mundo tem a ver com o ego. O importante é ser real consigo mesmo em todos os sentidos. Ser real vem da alma. Quando a gente se liberta, a gente também liberta todos ao nosso redor, porque entendemos que, assim como nós, está todo mundo tentando entender o que é tudo isso, se conhecer e se encontrar.

NÃO VEJO QUE O **EU** ISOLADO EXISTA
PORQUE O UNIVERSO NÃO EXISTE
SOMENTE 'EM MIM'

MAS TALVEZ A ILUSÃO DO **EU** ISOLADO EXISTA
PARA QUE A CONSCIÊNCIA POSSA EVOLUIR

Quando a gente se vê separado do todo, separados uns dos outros, como vivemos e nos percebemos hoje, a maior barreira para despertar é o ego. Ele grita no individual. Quando tiramos essa camada de pele que nos envolve, é tudo energia e onda em constante movimento. É transformação e transmutação a todo momento. Quando escutamos que "o essencial é invisível aos olhos", essa frase diz muito mais do que acabamos por compreender. Toda a parte do universo que se apresenta como invisível carrega, além da energia prânica, que é o que nos dá vida, milhões de informações, fractais, portais dimensionais e frequências. A real diferença entre um indivíduo, o outro, a natureza e tudo o que aqui vive é a forma como nos realizamos em matéria. No fim, somos todos átomos, é tudo átomo e o átomo é 99% vazio em sua composição, ou seja, somos tudo e nada, paradoxalmente, ao mesmo tempo. A ilusão, dentro da ilusão, dentro da ilusão.

Tudo o que está no planeta Terra é energia condensada em matéria. Partindo da teoria de que vivemos em um universo de várias dimensões que interagem entre si, a matéria faz parte da terceira dimensão. Dentro desse estudo, cada dimensão possui um ritmo vibratório. A vibração é a maneira como as moléculas se movimentam. Nós só conseguimos interagir com outras dimensões se estivermos na mesma frequência vibratória.

Existem dimensões mais altas, que nos conectam com energias de luz e do amor, e existem as dimensões mais baixas, que nos conectam com a energia da rejeição, do ódio, dos vícios e da desmotivação. Vibramos em uma frequência diferente dependendo dos nossos pensamentos, sentimentos e ações e, assim, quanto mais alta nossa vibração, melhor será nossa manifestação.

Estamos passando por um período em que vivemos uma mudança na energia da Terra. Já faz alguns anos que isso vem acontecendo e cada vez se intensifica mais. Quanto mais adentramos essa nova era, quanto mais nos trabalhamos e nos libertamos do que nos prende, menor será a força do sofrimento. É importante se cuidar primeiro, mas é importante ajudar os outros para que a mudança de fato ocorra. Não somos seres individuais.

UNIVERSO

Se somos um,
Somos todos tudo
E se somos nada,
Somos nada juntos

Somos do mesmo
Somos o mesmo
Somos assim...

A ilusão do eu
A construção do nosso
A dualidade do mal e do bem
A incerteza do não e do sim

Somos o início
Que desconhece qual é seu fim

O universo vai além do que a gente consegue captar, porque na maioria das vezes a gente só crê no que vê. No que é palpável. No que é material. Mas esse universo de micropartículas é algo tão grandioso e complexo a ponto de existir uma teoria para o caos.

Como o bater de asas de uma borboleta pode causar um furacão do outro lado do mundo? Como nossas pequenas ações, dentro do nosso pequeno circulo de pessoas, podem transformar o planeta? A teoria do caos diz que pequenas diferenças nas condições iniciais podem causar futuros imprevisíveis e mudar o rumo de tudo. Somos as causas e somos também as consequências, ao mesmo tempo, o tempo todo.

É assim que funciona a vida. Não sabemos realmente como nossas ações vão reverberar no mundo e nas pessoas. Sem caos não existe vida e não existe vida sem caos. O fato de não sabermos se vamos voltar para casa quando saímos pela manhã só comprova que a vida é salto no abismo o tempo todo. São sete bilhões de pessoas evoluindo e aprendendo a lidar com esse mesmo caos.

O bem e o mal são faces distintas de uma cara só. Estamos diretamente e indiretamente nos influenciando o tempo todo. Eu posso derrubar um copo de água na rua e causar um acidente de trânsito sem ter a menor intenção. Assim sendo, o universo não opera na lei do perdão ou da punição. O universo opera na lei do karma.

O karma não existe para abençoar ou nos punir. A lei do karma simplesmente responde à nossa frequência vibracional. Muitas vezes pensamos que estamos praticando o bem, estamos no caminho certo, estamos fazendo tudo dentro da "moral". Se algo de ruim nos acontece, não entendemos e muitas vezes ainda questionamos o bem que fizemos por não termos recebido retorno. O retorno a gente recebe toda vez que o Sol nasce. Esse não é o ponto. Às vezes, no subconsciente, intencionamos sem perceber, pedindo por algo, por algum aprendizado, por alguma mudança, por alguma ação, e isso pode vir de muitas formas. É preciso abrir a cabeça para entender os sinais e as possibilidades que se abrem com cada desafio e cada nova situação. Às vezes o que imaginamos ser melhor não é o melhor caminho para a consciência evoluir. Tudo depende de como a gente decide interagir com o que acontece.

Mais importantes do que as palavras e os nossos pensamentos, são as nossas emoções que influenciam nossas intenções. Tem uma técnica que comecei a usar em processos internos e que tem me ajudado muito que se chama Quantum Being. Essa técnica parte do princípio de que não existem emoções positivas ou negativas. Todas as emoções nos servem. E, se bem canalizadas, equilibradas e direcionadas, nos ajudam nos nossos processos. Quando uma emoção existe em nós, ela já existe, a gente querendo ou não. Então, como lidar com isso é outra questão. Para conseguir expressar as emoções da maneira como realmente queremos é preciso deixá-las fluir, sem querer controlá-las, escondê-las ou negá-las.

É importante fazer algumas perguntas antes de agir. O que causou aquela emoção? Como? O que eu sinto no meu corpo físico quando essa emoção vem à tona? Quais são as situacões que atuam como gatilho para que eu sinta isso? Quais pensamentos desencadeiam esse sentimento? Qual foi a primeira vez ou a vez mais marcante em que me senti assim? O que eu aprendo sobre mim com isso? Como eu posso direcioná-la para transformar o que quero em mim e assim transformar o meu exterior?

Somente depois de passar por esse processo é que estamos preparados para agir em vez de reagir, porque as respostas partem do coração e não mais do ego. As respostas partem da vontade de evolução e não mais do medo. É isso que muda também a nossa realidade. A gente precisa ter atenção para se aprofundar na emoção sem se afundar nela. Se eu fico repetindo uma história que me causou dano, sem o propósito de sair daquilo, eu só acabo me causando mais dano, porque a situação vai crescendo dentro de mim. Assim como acontece com a emoção que é rejeitada. É por isso que desabafar é necessário, mas ficar desabafando muitas vezes para diferentes pessoas já é reviver o que não é preciso.

A comunicação não violenta é bem importante para que a gente desenvolva a verdadeira empatia e compreensão de não julgar o outro, não se comparar com ele, nem diminuir ou desmerecer a sua dor ou a nossa. Marshall Rosenberg diz que **"por trás de todo comportamento existe uma necessidade"** e **"todo ato violento é uma expressão trágica de uma necessidade não atendida"**. Quando a gente percebe que nada é pessoal e que tudo acaba sendo um reflexo do caos que está acontecendo dentro de cada um, das carências emocionais que carregamos, a gente atinge um grau de empatia verdadeiro e profundo que faz com que, mesmo quando somos atacados por alguém, isso não atinja nosso coração ou nosso ego, porque sabemos que não diz respeito a nós. E faz com que a gente não julgue e, em vez disso, compreenda. Por trás de toda atitude agressiva existe um pedido desesperado de socorro.

A partir daí podemos estender a mão e abrir os ouvidos para que as pessoas possam se abrir para nós sem uma comparação de quem sofre mais, sem desmerecer a dor do outro dizendo que é frescura, drama ou cena, sem apontar o dedo de volta quando escutamos uma crítica e sem dizer que reclamam de boca cheia porque tem gente que passa fome no mundo, por exemplo. A partir desse ponto, a gente aprende a se escutar também sem se desmerecer, sem se sentir vítima, mas também sem se sentir culpado. A gente entende que por trás das nossas ações existem sentimentos que precisam ser cuidados, observados e transformados.

Com o outro, aprendemos a ouvir e a perguntar em vez de simplesmente aconselhar. O melhor conselho é aquele que mostra o caminho, mas não diz exatamente para onde olhar, porque abre os horizontes e as possibilidades para que cada um, no seu momento e no seu passo, possa decidir qual será a melhor estrada e chegar às suas próprias conclusões. Podemos ter certeza do que falamos, mas nunca do que o outro escutou. Somos tão infinitos por dentro que uma resposta nos limita. Uma pergunta nos expande.

Uma insatisfação é como um punhado
de areia molhada
Pesa e parece que é uma coisa só
Mas tem infinitos grãos ali dentro que fazem isso pesar
Impossível de contar
Se a gente atira no outro, machuca
Se olha com cuidado e deixa iluminar
O que antes o deixava pesado
Evapora com o calor e com o amor
Cada grão se desprende um do outro e para de pesar
Até que se torna tão leve, a ponto do vento levar

Nossas insatisfações são as portas das crenças limitantes, dos traumas, das mágoas, de tudo que em nós pode ser transformado para que atinjamos o potencial que temos capacidade de alcançar. Encarar e não esconder. Chamar a responsabilidade para si em vez de fugir.

Para que as insatisfações acabem, é mais eficiente entender a causa de cada uma delas e descobrir o que teria que ser transformado em nós ou o que poderíamos fazer, sem colocar expectativa na ação de outro alguém. E também desvendar o ganho nisso. A gente sempre tem um ganho e uma perda em tudo o que acontece com a gente. Qual seria o lado bom disso que nos insatisfaz? De imediato pensamos: "Nada". Mas sempre existe algo, é nosso subconsciente que o esconde de nós para nos proteger da dor de nos encarar. Com os ganhos e as perdas definidos, podemos saber quais são as crenças que estão nos fazendo criar essa situação e transformá-la. Existem muitas técnicas e terapias para mudar um sistema de crenças e cada um pode escolher o que considera melhor para si.

Cada um tem seu tempo, seu momento de acordar desse boa noite, Cinderela que algum dia nos adormeceu. A mudança é desafiadora e é preciso saber desapegar do que nos adoeceu. Não adianta tentar mudar o outro se ele não quer. Cada um vive os próprios processos. Tem gente que ainda habita o pesadelo. Alguns já estão em sono leve e outros já despertaram, por mais que possam voltar a dormir de vez em quando. A montanha russa da vida não livra ninguém caso a gente mude a vibração e encontre outra vez uma frequência baixa. Nem os seres mais evoluídos que aqui vivem estão imunes a momentos de adormecimento e amortecimento, por isso é importante cada decisão diária. É tudo uma questão de como a gente decide viver. A vida é como uma viagem no tempo. Passado, presente e futuro se misturam. São dúvidas e certezas. Conseguimos acessar o passado, viver o presente e sentir o futuro. Conseguimos nos lembrar dos sonhos, criar sonhos lúcidos e cocriar o tempo. Corremos tão acelerados e vendados que esquecemos os sonhos, esquecemos o poder de cocriar e esquecemos o nosso potencial.

Dentro dessa pressa em que vivemos, há momentos em que tudo para. Momentos em que a vida até parece andar pra trás. São situações que testam a nossa caminhada. São momentos que nos exigem força e coragem. Para não desistir, para nos apronfudar antes de dar o próximo passo e continuar seguindo. Tem horas em que é preciso mudar o rumo, outras em que é preciso desacelerar. Algum aprendizado existe em cada pequeno detalhe. Saber captar as mensagens e o aprendizado é prevenir que uma situação desagradável se repita. Preste atenção. Ative a sua inuição. A vida manda sinais... Um sentimento, um estalo na mente, uma conversa na rua que a gente escuta, uma música que fica na nossa cabeça, uma palavra que vem à tona, cores e números que se repetem na nossa frente... Autoconhecimento é saber também decifrá-los, porque quanto mais nos conhecemos, mais conhecemos o universo, afinal, ele vive dentro de nós.

Tem horas que a água do mar sussurra
Tem horas que grita
É uma maneira de escutar os sinais da vida

Se você está disposto a aprender, o mundo se torna seu mestre. A distância entre crença e realidade é o tempo de um ato. O poder de agir. Dentro da imensidão, cada um de nós tem uma parte pequena e gigante, que faz parte de uma mesma evolução. Não vamos dizer que é fácil crescer, mas também não precisamos dizer que é difícil. Vamos mudar a palavra "difícil" por "desafiador". A frase "não posso" por "tenho outras prioridades", a palavra "crise" por "evolução" e a frase "eu preciso" por "eu quero". O vocabulário muda a nossa percepção. A nossa percepção muda o nosso pensamento. O nosso pensamento muda o nosso sentimento. O nosso sentimento muda a nossa intenção. A nossa intenção muda a nossa ação e a nossa atração. A nossa ação e a nossa atração mudam a nossa realidade.

Eu estava assistindo a um documentário que tem no YouTube e se chama "A Energia do Pensamento", da Louise Haul, uma das pioneiras no tema da força que as palavras e os pensamentos têm. Um dos entrevistados conta a história de uma viagem que estava fazendo pela Austrália com a Louise. Um dia, ele estava tentando apressá-la, mas ninguém consegue apressá-la. Ela vive a presença do agora e sempre acredita que está na hora certa, no lugar certo e que tudo está da maneira como precisa estar. Então ele disse: Louise, vamos fazer isso agora, assim matamos dois coelhos com uma cajadada só? Ela olhou de volta para ele e disse: Mas por que você quer matar dois coelhos?

Comecei a pensar no sentido literal de milhões de expressões que usamos até hoje, que trazem certa negatividade, além daquelas que são lotadas de preconceito. E isso não significa que somos a geração mimimi. Isso siginifica que somos a geração que realmente está questionando padrões antigos que estão até hoje limitando a nossa sociedade como um todo. Somos a geração que cansou de fingir que está tudo bem.

O nosso subconsciente capta tudo. Armazena tudo. E por isso é preciso aliviar a mente para não surtar. Ter atenção com os estímulos que recebemos e que nós próprios nos damos. Não dizer palavras ruins pra si e nem para o outro, porque, como num efeito bumerangue, as palavras proferidas vão e voltam. Elas não estão em nenhum lugar, a não ser na mente de quem as pro**fere**. Quem diz o tempo todo que não aguenta tal coisa, só atrairá mais daquilo, porque sua atenção está focada nisso. E quando dizemos para alguém que essa pessoa é de tal forma, principalmente se for uma criança, ela armazena a informação e há grandes chances de ela agir de acordo com isso depois.

Temos pensamentos a toda hora. É tudo um grande exercício diário e a constância é o que vai diferenciar o resultado. Se paramos e voltamos aos hábitos que nos limitam, a vida volta também, ou nem mesmo sai do lugar. É um processo mudar padrões cerebrais, hábitos, crenças limitantes e transformar a vida, mas vale a pena. É um processo sair da zona de amortecimento e despertar. Evoluir às vezes cansa... E o tempo não para pra gente descansar.

Tem horas que dá um cansaço, um sentimento de esgotamento de não saber pra onde ir, de querer que o mundo pare pra gente se entender e entender como mudar, entender o que é essa vida e o que estamos fazendo aqui. Tem horas que a gente só quer uma pausa para entender a causa e um tempo extra para se reconstruir. Tem vezes que dá preguiça de recomeçar, de juntar os pedaços, de se refazer e se reinventar. O medo toma conta. A desmotivação também...

Acredito que todo ser humano já passou por isso. Alguns voltam mais rapidamente, outros têm mais dificuldade. Foi a gente que criou o tempo no relógio e não se apegar a ele expande as possibilidades. O que acontece é que muitos conhecimentos ficaram ocultos na nossa sociedade e mesmo hoje, agora que temos acesso a muitas informações, ainda nos apegamos a pretextos por medo de sair da zona de conforto mental que nos dá a sensação equivocada do que são a verdade e a segurança. Acreditamos no que nos foi ensinado desde que nascemos e nos apegamos a isso. Só que a maioria do que nos foi ensinado é, assim como o tempo que vemos se arrastar no relógio, incompleto, passageiro e uma grande ilusão. Descansar faz parte do processo. Parar não é fraquejar. É melhor dar um passo para trás para dar vinte passos seguros para a frente do que dar um passo maior que a perna e tropeçar no terceiro. **Pare um pouquinho, descanse um pouquinho, mais 360 quilômetros.**

É pela fragilidade que a luz entra, transformando nossa pior fraqueza em nossa maior força. É encarando nossas maiores dores e nossos maiores medos, e também voltando às questões do nosso corpo físico. Nosso corpo é nosso templo e ele precisa de um tempo pra si. Pra sorrir. Pra se movimentar. Pra curtir as coisas simples. Pra relaxar e reencontrar a qualidade no respirar. Nosso corpo precisa se amar. Se cuidamos dele com efeito e afeto, difícilmente vamos desmontar.

Esse corpo que carrega todos os sentimentos, alegrias, frustrações e vontades; esse corpo que tanto já viveu, que pra muitos lugares nos levou é o que nos permite estar. É o corpo que já nos viu chorar, já nos viu sorrir, já nos viu enlouquecer... Já nos presenciou comer sentimentos, mergulhar em momentos e nos transformar. Esse corpo que já foi julgado, maltratado e nos viu quase desistir. Também foi o corpo que nos levantou, que se superou milhões de vezes até ensinar... Que a força que existe dentro dele vai muito além do aspecto físico. Vai muito além do que podemos ver.

Esse corpo que já foi abraçado, admirado, amado e que tanto nos fez sentir, foi o corpo que aguentou quando nem nós mesmos pensamos aguentar. Foi esse corpo que nos segurou até entendermos que ele é o nosso lar. É o corpo que nos faz perceber que a vida vive mesmo no pulsar. Esse corpo, que já carregou milhões de vidas em seu coração, é o mesmo que já foi quebrado, estilhaçado em pedaços que caíram no chão. Esse corpo é tudo o que temos, mas que na verdade nem temos, de tão passageiro... É o corpo que abriga nosso ser, que abriga nossa alma e abraça o pensar.

É ele que permite a vida nessa experiência que temos aqui. Não sei quanto tempo esse corpo dura, mas hoje peço pra ele durar. Porque entendi que esse corpo é a capa de tudo o que aqui dentro precisamos curar. É ele que nos permite ser, e que dá a chance que temos pra evoluir. De corpo estamos. Mas não é um corpo que somos. Isso não nos define. Ele reflete mais do que tudo a energia de quanto amor nos permitimos sentir por nós e pela vida. Esse amor não tem a ver com padrões, não tem a ver com salões, não tem a ver com julgar. É aquele sentimento mais nobre de se olhar no espelho e sentir orgulho de quem a gente se tornou. É dormir tranquilo e acordar feliz porque esse corpo abriga uma alma linda cheia de imperfeições e com vontade de evolução. É o corpo que, independentemente de tudo, aguentou tudo e todos e nunca desistiu de fazer pulsar esse coração. Agradeça a ele. Todos os dias. Agradeça a ele, sempre e agora. Agradeça a ele por, mesmo depois de todas as fases pelas quais passamos e de tudo o que fizemos com ele, nunca ter desistido de nós.

O céu diz mais sobre a gente
Do que a gente mesmo
A Lua vive de fases

A fase que nasce
A fase que cresce
A fase que se completa
Se intensifica
Mingua
E recomeça
Percebemos expandindo a consciência
Que qualquer semelhança com a nossa vida
Não é mera coincidência

Assim como a borboleta e a natureza, todos temos fases e processos. O corpo em stress se debate no escuro do seu ser e no desespero tenta por tudo bater asas e voltar a voar, mas não sai do lugar. Bate tanto as asas que cansa. O casulo fica cada vez mais apertado e as asas com alguns machucados, parece que não há saída. Quando percebemos que o casulo é ilusório e que se debater não trará solução, expandimos mente e corpo em um processo intenso de transformação.

Então percebemos a inteligência automática que faz nossos órgãos trabalharem vinte e quatro horas por dia. Percebemos que, de tempos em tempos, as nossas células se renovam sozinhas. Até que entendemos que, quando a gente ajuda o nosso corpo e trabalha junto com ele, toda essa energia que antes era usada para nos desintoxicar da rotina que levamos e à qual nos acostumamos é utilizada para a conexão, para a intuição e para o bem-estar geral desse ser que está em constante transmutação. Isso não significa viver uma vida completamente regrada, porque sem um pouco de loucura não existe equilíbrio. Sem loucura a gente surta. Isso quer dizer apenas que, se continuarmos intoxicando corpo e mente todos os dias, sem ajudar nem um pouco o nosso ser a se renovar, recriaremos o casulo intensamente até entrarmos em colapso mais uma vez.

Já acreditei que seria bom respeitar o nosso tempo, hoje vejo que, na verdade, é muito benéfico se empurrar um pouco para a transformação. O respeito e o amor pela gente precisam ser maiores do que o respeito pelo tempo de nos deixar mal. Sempre haverá momentos altos e outros mais baixos, esse é o natural da vida. Mas não precisamos de mais tempo para nos afundar, porque a cada momento que passa, vai ficando mais fundo. E quando buscamos nos reerguer, cada vez vamos descobrindo novos degraus que nos elevam nesse processo.

Existe um universo invisível que nos afeta e as energias ficam na pele, no cabelo, no corpo, nas roupas, na casa... Aprendemos a lavar o corpo, mas ninguém nos ensinou a lavar a alma. Nos limpar do invisível que nos afeta é tão básico quanto tomar banho. Tem quem utilize mantras e frequências. Tem quem enfeite a casa com plantas e flores. Tem quem tome banho de ervas. Tem quem energize a casa com difusores... Óleos essenciais, salvia, palo santo. Tem quem utilize essas, outras e milhões de maneiras e tem quem disso tudo duvide. Eu me atenho sempre à intenção. Acreditar e se munir de informação é o ponto de partida para qualquer transformação.

Além disso, nosso ser nos implora por limpeza e por organização. Uma coisa que eu venho aprendendo é sobre o quanto a sujeira traz negatividade. Na mente e no exterior. Limpar bem a casa e os pensamentos. Jogar fora o que temos acumulado e evitar acumular é o caminho da libertação. Quando liberamos espaço dentro e fora de nós, abrimos espaço para o novo chegar. Quando organizamos o lado externo, também ajudamos o interno a se organizar. O processo de desapego dessa mudança acaba sendo também de muitas coisas que temos dificuldade em desapegar. No fim, é tudo uma escolha sobre qual realidade queremos criar.

Até na pior situação em que estivermos, ou no pior hábito que tivermos programado em nós, há uma recompensa. Encontrar essa resposta é encontrar o novo rumo da caminhada. É desafiador, porque dentro disso há aspectos sobre nós que não queremos encarar. Muitas vezes temos vergonha de assumir as nossas próprias verdades para nós mesmos. E essa recompensa pode ser algo emocional, um olhar para si, uma carência sendo suprida, algum aspecto da nossa criança que foi ferida em algum momento, ou até mesmo um prazer momentâneo. Sempre temos um ganho em tudo o que nos acontece, sempre. Sair da caverna é intenso, mas é um processo completamente libertador. E não é de uma hora pra outra que a gente se liberta. Viver é sobre aprender a amar os processos. Enquanto estivermos aqui, estaremos evoluindo. Estaremos lidando com nossos lados que se contradizem... Estaremos adentrando sombras e aproveitando a luz.

Enquanto houver luz, iremos sonhar
Enquanto houver vida, iremos crescer
Não tem imensidão maior que os sonhos
quando tocam o céu
E deixam seus reflexos
Na imensidão de um ser

É aos poucos que a gente vai se aprendendo e se motivando. Pensar positivamente e pensar negativamente dá o mesmo trabalho. Se começarmos a mudança hoje, vamos colher os frutos lá na frente, mas vamos sentindo diferença a cada nova conquista, mesmo que pequena. No meio do processo vai haver milhões de outras possibilidades, desvios e curvas pra nos tirarem do rumo que escolhemos, até entendermos como voltar para o que nos fez seguir aquele caminho, ou até usarmos o nosso lívre arbítrio, caso a gente mude de ideia. Tudo é válido, tudo é experiência. O segredo é dar valor para as pequenas conquistas e vitórias do dia. São elas que nos direcionam para as próximas. E é de passinho em passinho que nós conseguimos de fato realizar o que queremos. A gente muda um pouquinho hoje. Amanhã mais um pouquinho. Depois de amanhã mais um pouquinho, e mais um pouquinho depois. Até que, sem perceber, a gente muda tudo de vez.

Entendi o poder que existe no transformar
Aprendi a não me limitar
Percebi que o tempo voa tão depressa
Mas que a correria não vale a pena
Porque na ventania normalmente
A gente não consegue se segurar

O vento que chega hoje é leve
Mas já estive no furacão
Vi que, se eu fugisse, ele me dominaria
Mas se eu me aprofundasse
Mergulharia numa transformação

Escolhi o segundo caminho
Entendi que mesmo só
Meu ser nunca estaria sozinho

Me sentia distante da essência
Longe do meu próprio ninho
Sem perceber deixei a vida cortar minhas forças
Mas ainda queria bater asas como passarinho

Tive que acalmar
Ver o tempo passar e me cuidar

Até que fui sentindo as asas curando
E fui me trabalhando para a força voltar

Olhei pro infinito e me encontrei
Olhei pra dentro e amei
Cada pequena parte
Cada pequena arte
Cada pedaço do meu viver

Ganhei minha confiança de volta
Percebi que o controle
A gente só tem quando solta
Fui voando pela imensidão
E me libertei da minha própria prisão
Encontrei o céu inteiro dentro da minha mente
Abri os olhos e me vi diferente
Senti o poder do meu pensar

A força do acreditar
Vi que tempo é só o agora
E que sonhar acordado é REALIZAR

Vamos esquecer por um momento o espelho porque ele não mostra o que nós somos de fato. Vamos gastar menos tempo nos olhando por fora e mais tempo nos olhando por dentro. E não é que não seja importante se cuidar esteticamente, porque é, mas de verdade não é essa a principal transformação, porque o se gostar externo é algo que começa internamente. Da maneira como vivemos hoje, mostramos muito a aparência e acabamos esquecendo a alma. Isso é perigoso porque entramos na era do aparentar. E a gente quase nunca é o que aparenta ser, porque ser é muito mais imenso e profundo. Às vezes queremos passar uma imagem ao mundo que não condiz com a nossa verdade, mas pensamos que sim porque fomos induzidos a querer mostrar aquilo. Só que isso vai nos matando por dentro, porque a gente não é aquela imagem e, no fundo, a gente sabe que não é. E o outro também não é exatamente aquilo que passa para nós e muito menos o que a gente capta.

Existe uma versão de nós na mente de cada pessoa que nos conhece. E, de fato, ninguém nos conhece. Todos conhecem apenas a imagem que criaram pelo pouco que a gente mostrou. Ao mesmo tempo, nós também temos uma imagem da gente que difere da imagem que está por aí na cabeça das pessoas.

Então essa pessoa que pensamos ser só existe para nós, e nem mesmo a gente sabe definir. Existem milhares de versões nossas, diferentes, por aí na cabeça das pessoas. Seja na de amigos, familiares, colegas ou apenas pessoas que cruzaram com a gente na rua. Um "eu" existe em cada versão e, ainda assim, esse "eu" não é alguém em absoluto, de maneira nenhuma.

Nossos olhos nos enganam. Nossos ouvidos também. Eles acreditam muito no que enxergam e escutam. Só que isso não condiz totalmente com a verdade. Temos uma sabedoria ancestral que pulsa nas nossas células e que está pronta para ser acessada. Quando a gente troca o ser pelo parecer, ocultamos esse conhecimento e entramos em um vazio existencial gigante. Tudo o que vem daí se baseia em ilusões. Parecer é muito fácil. Parecer bem-resolvido, parecer bem-sucedido, parecer ser decidido... SER é muito mais complexo e profundo.

Por fora até pode parecer que está todo mundo inteiro, mas a real é que está todo mundo se descobrindo e se curando. Ou, pelo menos, a maioria está tentando. A cada instante, em algum lugar do planeta, apesar de todos os pesares, tem alguém amando de novo e de novo. Essa força que vive em nós e que nos faz acreditar uma vez mais, se superar uma vez mais é a força da alma. E mostrar nossa fragilidade tem nos engrandecido, até porque depois da queda a gente volta mais forte. Apesar de tudo, a gente sempre será capaz de encontrar a cura e seguir em frente.

Não é só a gente que tá no caos desse furacão. Tá todo mundo buscando o motivo pra motivação, pra acreditar que dias melhores virão. Pra se manter forte diante de tanta desilusão. A gente sabe, não nos faltam razões na natureza para agradecer. Mas em uma sociedade na qual o parecer tem mais valor do que o ser, a gente acaba mesmo se perdendo. O mais maluco disso tudo é que o que a gente aparenta depende da percepção do outro. E, infelizmente, a maioria de nós ainda busca muito essa aprovação. Só que essa percepção foge ao nosso alcance. Ela se baseia puramente no que cada um tem dentro de si. Por isso, não levar nada para o pessoal é um grande começo na liberdade de ser e, principalmente, na saúde emocional.

Nossa aparência não precisa da aprovação de ninguém. Aliás, beleza na verdade nunca foi algo externo. Sempre foi algo bem profundo. De energia. De atitude. De intenção. Beleza externa passa rápido. Cinco minutos de conversa e, se só tiver boa aparência, lá se foi toda a beleza. E muitas vezes nossos olhos continuam enganados. A real beleza não se vê tão fácil. Não aparece nas revistas. Não aparece nas fotos. Não entra no Photoshop. A verdadeira beleza não se ajusta com retoques rápidos. Ela é construída dia após dia. Ela é cuidado diário. É autoanálise, é caráter, é reflexão, é aceitação. Vai muito além.

No nosso mundo houve uma grande inversão. A aparência ganhou mais lugar de destaque do que a saúde. E isso realmente nos afeta quando passamos a dar mais valor a algo superficial e nos esquecemos de dar atenção ao que realmente importa; quando a gente acredita que beleza é mesmo isso de aparências específicas e fica preso nas amarras culturais. Porque tem isso também, né: a "beleza" é completamente moldada culturalmente.

Que loucura isso de se apegar ao que se vê. Os olhos enganam tanto. Tanto que parece ser. E, sem perceber, todos estão julgando quem sai fora desse "bonito estabelecido", que de tempos em tempos muda. E lá vai todo mundo querendo se encaixar outra vez. Lá se vai a autenticidade toda.

O mundo vai vender o tempo todo um zilhão de pensamentos para gerar lucro. Vai da gente comprar a ideia ou não. Vai da gente se aceitar e se amar ou se submeter a essas armadilhas. Vai da gente se cuidar. A verdadeira beleza não cabe em selfies, não cabe na edição. Não cabe nem em nós. Ela transborda. Ela alcança o outro. Ela abraça. É essa beleza que fica. A beleza que os olhos não captam! A beleza que ilumina, que toca alma, que transforma o mundo e que a gente sente.

Talvez eu não queira nada disso que me esperam querer
Talvez eu não veja nada disso que me obrigam a ver
Talvez eu não entenda mesmo
o que insistem para eu entender...
E talvez, mas não tão talvez,
Eu só queira
Ser

Quero ser sem adjetivos depois
Quero ver mais daquilo que vejo quando
fecho os olhos
Quero calar e, ainda assim, ouvir minha voz
Quero enxergar
Poder te escutar

Quero encontrar dentro de mim o intuitivo saber...
Para indefinir o definido
E, assim, de fato, começar a viver
Sem ideias moldadas
Concepções fechadas
Mentes atadas

A ideia desse mundo em mim eu quero desfazer...
Tenho aprendido a sentir...
Em vez de precisar entender

A única maneira de sairmos da ilusão é realmente encontrar espaço para conhecer o outro e nos conhecer. Para nos descobrirmos a fundo, enquanto indivíduos e sociedade; enquanto seres humanos e enquanto energias em algo bem maior. Isso abre nossa mente e nos mergulha em um oceano profundo e novo. Um oceano agitado, mas de muita paz.

Uma pequena parte de nós é matéria, o resto é alma. Não se apegue tanto à primeira parte. Ela é super passageira. O corpo é a capa. A mudança tá na frequência. Nada nessa vida é causalidade. É tudo vibração, pensamento e ressonância. Então, quando grande parte da consciência coletiva se transforma e se ilumina, a luz irradia e faz o escuro virar dia.

É tão importante a gente conseguir criar a consciência de que somos um todo, e não universos separados, para viver isso na prática. Quando eu reconheço que você faz parte de mim e eu quero o melhor para mim, consequentemente vou querer o melhor para você porque sei que, de alguma maneira, mesmo que invisível, você me afeta. Não viemos aqui para praticar a justiça. Viemos para aprender a praticar o amor e ele começa por nós, porque se eu me odeio e me maltrato, há grandes chances de que isso se externalize em algum momento e eu cause algum mal externo também. O mesmo acontece quando eu me amo. Isso se externaliza de milhões de maneiras, diretas e indiretas.

A justiça da vida nada tem a ver com a nossa. Viemos para aprender o respeito, a compreensão, a união. Não é papel nosso devolver a maldade na mesma moeda. Quando a gente confia na lei da vida, a gente entende que justiça nenhuma feita com as próprias mãos chega perto de ser justa, porque somos extensões uns dos outros. E quando a gente se conecta com o universo, entendemos que somos canais poderosos e temos um poder gigante. O poder de criar junto com ele. O poder de escolher o que queremos e como queremos viver. O poder de nos conectar somente ao amor para transcender.

A conexão acontece quando o ser está consigo
E não somente em si

Quando não reaje ao externo
Não foje do interno
Não luta contra o que há em si

Quando se aprofunda no próprio universo
E vai além do que é possível enxergar aqui

Conversa consigo
Compreende a si mesmo
E cuida de si
Como se compreendesse e cuidasse de outro alguém
Que não mora só ali
Porque nesse momento percebe
Que realmente vai passar a vida toda consigo
E não somente em si

A vida acontece em nós. Para cada um, em cada um, através de cada ponto de vista. O nosso ser é a nossa casa. A nossa casa é a nossa alma. E a nossa alma é a nossa grande companhia, vinte e quatro horas por dia. Se com ela a gente não se der bem, nada pra gente vai estar bem também. A melhora que queremos sentir é, antes de tudo, interna. Podemos criar mundos inteiros dentro da nossa mente em um simples momento. Há muitos mistérios que permeiam a nossa mente e há uma certa magia dentro do mistério. Talvez seja esse o mais belo da vida. Por isso, amar o mistério é amar a vida. Amar a vida é se amar. A gente busca tantas respostas e esquece de nos buscar.

Sabe aquele infinito
Que tanto falam
Que tanto procuram
De que tanto queremos saber mais
Aquele infinito que até a NASA desconhece
A profundidade e o que ali vive
E que amassa nossas certezas
Que ocasiona nossos medos
E quando por ventura fechamos os olhos
É muita escuridão

E não faz muito sentido
Ficar ali só, por muito tempo
Porque é monótono
A ansiedade não deixa
O relógio pesa no pulso
O escuro pesa no olhar
O infinito se apresenta
E a inquietude não nos deixa enxergar
Aquele mesmo infinito
Que tanto procuram
De que tanto falam
Que tanto queremos desvendar
É o mesmo infinito
Dentro de nós

Tem quem jura de pé junto que a Terra é plana, mesmo sendo provado que a Terra é redonda. Tem quem jura de pé junto que quando a gente morre acaba. Tem outros que afirmam com toda certeza que não. Tem quem acredite em outras vidas, tem quem em qualquer teoria acredite, tem quem de tudo duvide. Uma das questões mais desafiadoras do mundo é definir a verdade. Primeiro porque ela pode significar muita coisa. Uma verdade pode ser um ponto de vista ou um consenso universal baseado em provas e/ou teorias. Mas essas provas e teorias também foram formadas através de pontos de vista. Então voltamos ao fato de que não temos certeza de nada. A única coisa que podemos pesquisar a fundo somos nós mesmos: em quais labirintos podemos adentrar, quais segredos ocultos e mistérios podemos desbravar, até descobrir a parte sombria e a luz. Talvez as respostas sempre tenham estado todas aí e, mais talvez ainda, a gente nem precise das respostas.

Às vezes sinto que vivo em um mundo paralelo
Porque talvez a realidade nem exista
E seja tudo apenas ponto de vista

Às vezes sinto que preciso sair de mim
para poder pensar
Porque enxergar o mundo apenas com o nosso olhar
É muito pequeno

Entendemos o tempo da maneira como decidimos levar a vida. Estudos apontam que podemos, por exemplo, dobrar o tempo. A existência esconde tantas possibilidades. Entendemos a existência dependendo de onde nascemos e do que aprendemos. Entendemos o outro dependendo das experiências que tivemos, mas quando fechamos os olhos e silenciamos a mente, encontramos o ponto em comum, encontramos a semelhança com o todo e a conexão com tudo, na pureza de um simples momento. De cada fase da vida, só levamos mesmo o momento. O aprendizado. As lembranças, o conhecimento e as conexões. Se um dia nos tirarem tudo o que temos, ainda teremos tudo o que temos dentro de nós.

> Para onde vou não preciso de muito
> Pois toda bagagem tá dentro de mim
> Não pesa e ninguém leva
> E, assim, por onde passo espalho um pouco
> De quem eu fui
> De que eu sou
> E de onde vim

Cada momento tem sua intenção, sua etapa, seu ciclo de evolução. Entender esse ciclo é encontrar a ligação entre o eu do passado, o eu do presente e o eu do futuro, tomando consciência das mudanças e das transformações; tomando consciência de cada ação e de cada passo; se desprendendo da preocupação, da ansiedade e do intenso cotidiano em que a gente se meteu. A preocupação é irreal. É medo de algo que ainda não aconteceu. Não existe no presente. Silencie a preocupação e acalme a mente para que possa enxergar as possibilidades.

Não desperdice o momento que é tão valioso e não se repete. Isso não serve para criarmos mais ansiedade e sairmos fazendo tudo por aí como loucos, achando que podemos morrer amanhã. Isso significa estarmos presentes onde quer que estejamos para canalizar e direcionar melhor a energia, obtendo resultados mais eficientes, seja com o objetivo de relaxarmos deitados no sofá, nos divertirmos pulando de paraquedas, nos conectarmos numa simples conversa com os pais, fazermos dinheiro trabalhando, expandirmos a mente lendo um livro ou meditando. Esteja presente. Aproveite o segundo. Repare em si e, se estiver com mais alguém, repare de verdade no outro.

Na rotina acelerada a gente quase nem vê o outro. O outro quase nem nos vê. De tão cegos em egos, na maioria das vezes a gente só se vê. A vida ganha um novo significado quando descobrimos o quão profundamente podemos nos conectar com as pessoas e com nós mesmos. Dentro da ventania do tempo, é só isso que temos. Alguns vão partir, outros vão ficar. Nada é pessoal e, de certa maneira, tudo sempre será eterno em algum lugar do tempo, a partir do momento em que aconteceu. E o que realmente importa não é quem segue ou quem fica, porque esse é o fluxo da vida. O que importa é o que cada um significa.

Vivemos de ciclos. Pessoas chegam, pessoas marcam, pessoas ficam, pessoas vão. Distância nenhuma apaga importância. Distância nenhuma apaga história. Tempo nenhum apaga momentos. Partir também faz parte. E a gente precisa seguir, mesmo com a saudade ou a dor da partida. Respirar outros ares faz bem pra alma. Depois que a gente desapega de ter o controle de tudo, a gente entende que o que é nosso volta. O que é nosso tá guardado. O que não volta é aprendizado. E tem horas que a ruptura é realmente necessária, mesmo se não for definitiva. Partir é ato de coragem. Seguir é inevitável. Ser feliz é ato de amor. Amor por si. Amor por tudo que foi. Amor por tudo que ficou. Amor também pelo que voou. A saudade é um aviso de que o tempo que passou foi bem vivido e abraçar a transitoriedade da vida é expandir a mente para ter um presente bem resolvido.

Tudo o que acaba traz um recomeço. Às vezes é um recomeço de pensamento, de visão de mundo, de hábitos, de vida. E quando uma pessoa decide partir de alguma situação, de um lugar ou de alguém, tudo se reinicia. A nossa vida como um todo acaba mudando também porque a gente se transforma. Então, junto com o início de uma nova história, surge também um novo ser, que carrega toda essa bagagem, pronto para começar o próximo ciclo – às vezes nem tão pronto assim... Mas isso a gente descobre ao longo do caminho. O que eu vejo é que normalmente a gente vê o fim como uma coisa ruim, uma coisa triste. Os fins são fortes. Cheios de coragem e de novidade. Repletos de aprendizados. Muitas incertezas. Alguns são lotados de medo e insegurança, que demonstram a fragilidade e a vulnerabilidade do ser. Normalmente, nos fins, as pessoas despem a alma para se reencontrar e descobrir pra onde vão. E isso é poderoso. É o começo desse novo ser, dentro de uma nova história. Quando conseguimos enxergar a beleza que existe em cada fim, estamos prontos para desfrutar muito mais da beleza que existe em cada novo começo, e então a gente percebe que, na verdade, o ponto final é muito mais começo, que **FIM.**

INÍCIO

A hora chega. Todo mundo tem um ponto da vida em que percebe a venda. Em que se sente dopado. Controlado. Impotente. Alienado. E parece que os mistérios da vida nunca serão revelados.

Esteja atento aos sinais
Que vêm das frestas do céu
Que vêm da profundidade do mar
Que vêm da existência da água e do ar...
Esteja atento aos canais

Tem horas que vem um arrepio de confirmação. Um calafrio que nos impulsiona. Um pensamento e um sentimento que nos fazem despertar. É o sopro que faz a gente virar a mesa da infelicidade para perceber a verdade escondida nas nossas insatisfações diárias. É tudo o que o vento leva e trás. É mais do que a gente pode explicar, mais do que o tempo parece ser capaz. É o que foge à razão. É o pensamento que, se bem-intencionado, nos levanta, mas, se mal-cuidado, vira furacão.

Viver é aprender a voar sem ter aprendido a pousar. É então compreender na marra o motivo de se manter vivo. A realidade não se apaga e nem permite que se volte atrás. Acredito que todo mundo já tenha tido vontade de apagar algo da própria história, e que vá continuar querendo apagar até compreender o porquê da situação e canalizar isso para transformar a vida. Tudo o que acontece conosco pode ser usado como ferramenta de evolução. TUDO. Somos o resultado dos nossos erros, dos nossos acertos e das nossas experiências. Se alguém ainda não se deu bem com algo do passado, chegou a hora de entendê-lo e fazer as pazes com ele. Resolvendo e ressignificando o que nos causou mal, torna-se possível transformar o presente e construir uma realidade melhor. Viver é sobre se adaptar e transformar, não sobre controlar. É consequência e frequência e não casualidade e coincidência.

A gente se motiva quando sente. Quando entende o sopro da vida na nuca que nos tira da sinuca em que muitas vezes nos colocamos. Se a fé move realmente montanhas eu não vi. Mas não duvido. Já vi a fé mover situações que eu pensava que jamais mudariam. Já vi a vida manifestando milagres e continuo vendo todos os dias. Cada vez que me conecto mais comigo, sinto mais a vida que me motiva, porque eu não me motivo sozinha. Temos dentro de nós uma sabedoria que eu nem imaginava que a gente tinha. As respostas voam no vento. No tempo. Em cada momento. Mas, mais do que tudo, aqui dentro. Aí dentro. No núcleo do nosso ser, onde o divino encontra a alma, o corpo e o próprio centro.

Talvez o mundo esteja mesmo torto
Talvez a gente seja mesmo louco
Mas sempre terá algum motivo pra sorrir

Talvez a gente queira consumir muito
Quando a alegria tá no pouco
E muito mais na liberdade de ir e vir

Talvez a gente não encontre as repostas
Talvez o mundo nos vire as costas
O importante é a gente se descobrir

Talvez a gente brilhe como as estrelas
E não enxergue todo esse brilho por aqui
Talvez existam bem mais pessoas boas
Do que a gente costuma ouvir falar por aí

O céu abençoa o caminho
O vento nos leva como passarinhos
E a terra nos dá forças para evoluir

O fato é que não existe uma só verdade. Existem sete bilhões de reflexos. Vemos a vida como somos e não como ela é. Vários mundos habitando um mesmo mundo. E o nosso ser possui algo dentro de si que quer uma explicação plausível que se adeque à sua razão. Tantas teorias, suposições, estudos, religiões e conspirações...

Começar a busca por nós é nos voltarmos para o sentir. Para o intuir. Para o perceber. É redescobrir a causa de tudo o que a gente sente. É se conectar com o poder interno e abrir as possibilidades do perceber. É redescobrir que é, sim, possível se comunicar com o universo, receber sinais, estar em sincronicidade e em conexão, mas é preciso estar aberto para compreender que somos também canais.

Muito vedados pela forma de vida atual, a maioria de nós continua duvidando. Acreditando em coincidências. Limitando o próprio poder dentro das próprias crenças. Rejeitamos muitas vezes o conhecimento, nos fechando nas nossas próprias verdades, e acabamos bloqueando para nós toda a melhora que desejamos ter na vida.

A dúvida, a rejeição e a descrença abaixam a frequência e impedem a mudança na realidade. Simplesmente (mas não tão simples assim) porque, com elas em ação, não conseguimos trocar a vibração e, assim, não mudamos o nosso ponto de atração. Não saímos do estado mental de escravidão e dessa forma não encontramos a verdadeira gratidão, que é quando os portais da cocriação **consciente** se abrem.

A gratidão não é algo superficial, simplesmente agradecer e pronto. Entrar nesse estado mental é entrar no estado de presença do agora, sabendo que estamos onde precisamos estar e que tudo é como precisa ser, sentindo essa sensação tomar conta de todas as nossas células. É algo que, só de respirar e ter consciência da grandiosidade de cada pequeno segundo, já faz a alma se sentir gigante. É realmente sentir o poder de conexão e o poder que temos em mãos na transformação do mundo.

O estado mental de escravidão é o que sustenta as crenças de falta, de medo, de escassez. A crença de que temos que trabalhar duro para conseguirmos viver ou que, se dermos algo nosso ao próximo, irá nos faltar depois. A crença de que é preciso sofrer muito para aprender ou que, se o outro se dá bem na vida, será melhor que a gente e não teremos espaço no mundo para crescer também. Há muitas outras crenças que limitam nosso ser e nos fazem ter medo, inveja, egoísmo, duvidar de tudo, de todos e até de nós.

Quando acreditamos na vida e no nosso potencial e retiramos nossas crenças limitantes pela raiz, entramos no estado de presença completa, onde não nos sentimos mais incompletos porque percebemos a força do universo que vive em nós. Com essa consciência e com a frequência elevada, entramos na era pensou, criou. Entramos na era do aqui e agora.

Esperar sempre o momento certo é deixar muitas
coisas para nunca mais
Porque quando o tempo chega
Já se foi

Para mudar a vida, não existe depois. Não sabemos nem se estaremos aqui amanhã, não temos garantia nenhuma de nada e já temos tudo o que precisamos hoje. A natureza trabalha para nós. Se pararmos para observar como tudo na natureza vive, interage entre si e funciona, começamos a entender que vivemos melhor se trabalharmos para ela e junto com ela. Se vivermos em harmonia com o ambiente que nos cerca, voltando nossa atenção ao organismo que, ao contrário desse que criamos, nos deu vida e nos mantém vivos. Plantando, curando, reflorestando e desfrutando o planeta. Somos feitos dos mesmos elementos e refeitos sobre os mesmos efeitos, todos os dias.

Estamos tão fechados em apartamentos, trancados em escritórios, vendados e controlados pela política do medo que não percebemos o tanto de vida que temos para aproveitar e viver. Vivemos a grande guerra da competição do ter. Queremos acumular coisas que daqui não levamos, para aparentar ser o que pensamos que somos. O preço que estamos pagando está alto demais.

Temos a opção de aproveitar muito mais do que aquele respiro de vento que muitos sentem somente no final de semana e que já é o mínimo essencial para se curar [um pouco] e continuar sobrevivendo arrastado mais uma semana em um emprego que consome, que não realiza os sonhos, que não desperta o melhor potencial, que não garante o mínimo, que não soma positivamente no mundo e que substitui nossa posição no segundo em que cairmos mortos. E enquanto metade de nós vai se arrastando até morrer, o nosso lar – a nossa natureza – e todas as outras espécies já estão caindo mortos. Por nossa causa.

Chegou a hora de questionarmos profundamente o porquê de sentirmos o que sentimos, o porquê de agirmos como agimos, o porquê de vivermos como vivemos. Chegou a hora de nos entender enquanto seres pensantes dentro de um planeta que é apenas mais um ponto de vida em um universo em constante expansão.

Isso é um desafio porque fomos ensinados a reproduzir em vez de questionar. E quanto mais o ser humano reproduz sem ao menos se perguntar por que, mais distantes as possibilidades de mudança vão ficando. É dentro dessa reprodução que vêm a ganância, o querer dominar, o querer controlar, o querer que seja tudo do próprio jeito. É aí que muitos de nós criam as próprias soluções individualistas, que muitas vezes afetam diretamente o outro.

Realmente a venda faz com que o ego acredite mesmo que aquele é o caminho, muitas vezes porque já foi também machucado demais... E ele cria suas razões, suas justificativas para si mesmo, para tudo e para todos, com todas as suas forças. É aí que as baixas vibrações tomam conta. Em casos de maior desequilíbrio, é por esse caminho que as pessoas seguem sem enxergar o mal que fazem. E, quando enxergam, não veem o problema disso. E, quando veem, se justificam para si mesmos, entrando cada vez mais no próprio pesadelo que criam. Esse pesadelo muitas vezes chega ao outro e, quando cresce, interfere bastante na vibração do mundo.

A vibração negativa é igual à positiva em termos de transformação. É efeito corrente formando uma bola de neve. Começa com algo bem pequeno, no qual uma vibração é gerada. Essa frequência se conecta com outra, que atrai outra e outra até se perder de vista. Despertar é cuidar e vigiar os pensamentos, as crenças, as emoções diariamente para que algo pequeno que pode ser resolvido no agora não se transforme nessa bola de neve gigante dentro de nós. Quanto mais acumulamos situações e emoções mal resolvidas, maior a chance de cairmos para um desequilíbrio.

O mal pesa. É um esforço energético gigante
Esgota o ser

O ego dentro desse caos é intenso
Exaustivo. Carente
Muitas vezes maldoso. Teimoso
Domina
Causa ansiedade. Expectativa. Stress. Raiva
Inveja. Ciúme. Frustração. Desequilíbrio

Apesar de ter um papel importante dentro da experiência e da evolução porque é ele que traz a função de nos reconhecer dentro dessa imagem que criamos de nós, o ego desequilibrado cai para muitos lados. Acredita que a culpa é externa e começa o processo de julgar o outro, de julgar o mundo e de se vitimizar; se afunda na crítica e autocrítica, na rejeição de si e do outro. Na negação. No esconder. Acredita muitas vezes que não faz parte da maldade do mundo e por isso aponta o dedo e não olha para a própria sombra. Em contraponto ao que pensa que é melhor que todos e que pode fazer o que bem entender, há também aquele que acredita que é o problema e que sua sombra destrói o mundo. Há aquele que se sente perdido e que nada faz. Ou aquele que até faz algo, mas acredita que não é suficiente para nada. De tão cego que é o ego nesses estados, já não consegue mais enxergar o caminho. No fundo, a própria luz e a própria sombra criam a nossa percepção do mundo.

Em muitos casos, chega uma hora em que algo dentro do ser percebe que está sufocando, que está afogando e, em uma tentativa desesperada, tenta de todas as maneiras ressuscitar o ego para ver se algo se salva. Mas esquece que quem está mais triste, mais distante e mais sem fôlego... É a alma. E como volta? Será que sabe? Se soubesse voltava... Então o ego percebe de novo que nada sabe.

O caos emocional muitas vezes acontece aqui. Nesse vazio de não se encontrar e onde tudo se perde: a alma, o ser e o sentido de viver. Assim, muitos perdem a vida porque o seu sentido está ligado a tudo o que se perdeu ali dentro. Muitas pessoas entram no desequilíbrio do corpo, no acúmulo do emocional e, em algum momento de maior fragilidade e descuido, acabam se conectando dentro e fora de si com vibrações muito baixas. É profundo e invisível. Um desequilíbrio que alcança essa dimensão é muito sério. Não é drama. Não é para chamar atenção. É preciso ajuda e existe solução. Conseguimos voltar, com força para não desistir e coragem para acreditar. É no caminho de volta às raízes do próprio ser que reencontramos o propósito para viver, e não apenas sobreviver.

Não dá certo carregar o mundo nas costas. Se fosse para ser assim, viveríamos nesse universo sozinhos. O nosso processo é trabalhoso e, se insistirmos em carregar muito peso, uma hora estaremos com a energia no chão. Quando a gente sai aceitando ou atropelando tudo, vamos metendo os pés pelas mãos e o resultado é desastroso. Não vale a pena buscar a perfeição, nem do outro e nem de nós. Não é esse o propósito aqui. Quem tem posicionamento sobre tudo com certeza está vivendo ansioso. Quem não tem sobre nada, está perdido e sem rumo. Muito stress emocional surge quando não nos posicionamos sobre nada que acontece e só vamos carregando aquilo em nós ou quando nos posicionamos em excesso diante das nossas interpretações. **"Quando me apego excessivamente a um pensamento, passo a ser esse pensamento e não mais um ser que pensa".** A mente aberta que se respeita e também compreende o outro navega além do horizonte do ego e encontra seu lugar de paz ao fazer as pazes com o seu lugar de caos.

Se falarmos sobre afastar da nossa vida pessoas que só reclamam, que são negativas ou críticas demais, é importante falarmos do nosso papel nisso também. Quem não impõe limites entrega o próprio limite à percepção do outro. Comunicação, respeito e clareza são as bases para qualquer relacionamento, seja familiar, de trabalho, entre amigos ou casais. Se não nos comunicamos, as pessoas não terão nem o direito de perceberem o que estão fazendo e de se melhorar, caso queiram.

Quando algo nos incomoda, nos machuca ou nos afeta e nós comunicamos e impomos o nosso limite sem ficar remoendo a questão e transformando em paranoia, o que poderia ser um problema pode ser uma solução. Muita gente parte do princípio de que o outro precisa ter noção e saber. De que o outro podia ser mais sensitivo e perceber... Esse pensamento não traz nada de positivo pra ninguém. Se ele fez ou faz, não percebeu. Talvez tenha percebido em um grau de consciência diferente do nosso, ou talvez ele não tenha noção mesmo... Infelizmente ou felizmente, estamos todos na evolução e o que parece óbvio e fácil de mudar pra alguém, pra outra pessoa pode não ser.

Comunicação e relacionamento são sobre praticidade, respeito e objetividade. A gente tem milhões de maneiras de falar a mesma coisa e não precisa machucar o outro com a nossa verdade, mesmo que às vezes a verdade machuque um pouco o ego de qualquer maneira. Mas, se somos delicados com o sentimento alheio, podemos abertamente falar o que sentimos. Quem nunca foi tóxico na vida de alguém, muitas vezes sem perceber? Às vezes somos e não temos essa intenção e nem nos damos conta. Reparar na própria toxicidade na vida das pessoas que nos rodeiam é um grande aprendizado, assim como estar aberto para escutar e reparar na própria toxicidade com a gente mesmo. Ninguém é perfeito e já entendemos isso, apesar de lutarmos contra isso e de tentarmos negar isso o tempo todo. Temos dentro de nós milhões de contradições e não adianta fugir. Vão errar conosco. E às vezes vamos errar muito também, em alguns casos com nós mesmos. É do pior erro que nasce o maior perdão. É do verdadeiro perdão que nasce a libertação e, assim como o amor, ele só existe de fato quando é incondicional. A gente precisa aprender a praticar a compaixão por nós mesmos, como muitas vezes praticamos com os outros.

E cautela é sempre bom com quem já mostrou não nos respeitar. As pessoas mudam, mas é um desafio e, às vezes, realmente não vale o nosso esforço energético ficar dando zilhões de chances quando essas continuam nos machucando. Se a gente não se respeitar em primeiro lugar, damos espaço para que outros também não o façam. Não justifica, mas é isso que acaba acontecendo. Temos que ter em mente quando é importante dar mais um toque, conversar e se trabalhar também; quando é melhor se afastar, mesmo que seja por um tempo e quando é necessária a ruptura da relação. Se a gente escolher a terceira opção, que sejamos bem honestos com a gente mesmo sobre o porquê de a ruptura ser necessária, para que possamos resolver as questões internas, compreender os processos e não atrair no futuro as mesmas situações.

ENVIE AMOR INCONDICIONAL PARA TODOS AQUELES QUE TE FIZERAM BEM E ENVIE EM DOBRO PARA AQUELES QUE TE FIZERAM MAL, ELES PRECISAM MUITO E, ASSIM, A GENTE TAMBÉM SE LIBERTA

Na maioria dos casos não precisamos excluir definitivamente as pessoas das nossas vidas, mas é bom selecionar bem com quem passamos a maioria do nosso tempo. Somos o resultado das pessoas com quem mais convivemos e é muito positivo estar com gente que inspira a gente. Que acrescenta, que emana o amor que sente. Com quem dá pra conversar sobre tudo. Sobre o mundo, sobre ideias e projetos, sobre os mistérios do universo. Gente que deseja o nosso melhor. Que busca uma vida melhor, um futuro melhor, um dia melhor, ou só uma conversa melhor mesmo. Não dá para gastar muito tempo falando do que baixa a nossa vibração, mas, se por acaso a gente se colocar a falar, que a gente saiba educadamente mudar a conversa de lugar.

    Não aceitar as nossas falhas é ótimo porque faz com que a gente não caia em uma posição de comodismo. Mas, em vez de negá-las ou julgá-las, vamos entendê-las e, assim, tentar no nosso tempo modificá-las. Se fizermos o nosso melhor para não repeti-las, já é um ótimo começo. Assim, atrairemos quem está nessa vibração também. Atrairemos gente que se melhora, que se observa, que se aprofunda. Gente que sabe que também tem falhas e por isso não julga. Aprende. Ensina. É tão bonito ver uma pessoa compartilhando conhecimento com a mente aberta para aprender. O tipo de gente esperta. De mente e alma aberta, que consegue ver dentro da gente e entende que viver não tem maneira certa.

    Faça chuva ou faça sol, chorando ou sorrindo, o dia amanhece lindo. Tem dias que percebemos essa beleza e outros que não. Sentimos a rapidez do tempo que nos leva e nos traz. A vida pede pressa, nós pedimos calma. Quando começamos a pedir pressa parece que a vida nos pede calma. Paciência, muita calma.

Instabilidade assusta, mas quer algo mais instável do que a própria vida? Sinto que viver é se jogar nessa dança de ir e vir. Chorar e sorrir. Amar, se apegar, soltar, deixar ir. Sentir. Voltar. Partir. Ensolarar, chover, desaguar... E assim a gente continua... Tão transitórios quanto a Lua. Tão contraditórios... Tão intensos quanto o Sol. Tão vulneráveis quanto a natureza crua.

Fazemos parte de algo bem maior e ignorar isso é ignorar também toda a intuição, todo o poder de conexão e manifestação. Os astros têm grandes forças que agem sobre nós. Os ciclos lunares carregam tamanha influência, principalmente em nossas emoções. Acompanhar o ciclo da Lua e estudar os seus efeitos nos ajuda muito no processo de autoconhecimento. Se a Lua influencia na maré e somos mais da metade feitos de água, é descartável a hipótese de que ela não nos influencie. Assim como a Lua, o Sol é completamente essencial para a vida aqui. Já comprovamos que a falta de luz solar pode causar muitos problemas, inclusive a depressão.

Entender o externo faz a gente entender o interno e vice-versa. Vamos parar de focar em como a vida tem nos tratado e começar a refletir sobre como temos tratado a vida.

Se o ser desliga a conexão com a própria alma
Se o ser se perde na comunicação com o Universo
As frequências chegam nele bagunçadas
E frequência bagunçada
Atrai mais bagunça
Se um bagunceiro não organiza nem o quarto
Como que a bagunça vai organizar o mundo?

Sinto a zona dos meus pensamentos que escorrem pelos dedos quando minha alma, que já não sabe se vai ou fica, decide transitar entre as possibilidades da vida. Sinto o emaranhado de ideias que surgem quando meu ser, que pulsa inifinitos, se vê limitado em ideais moldados, querendo se expandir. Enquanto meu ego pede segurança, a minha alma pede expansão. Quero me libertar de tudo o que me limita e me vejo presa à minha própria contradição. Talvez a bagunça da minha mente me deixe doente nesse mundo de confusão. Sei que temos em nós a doença e a cura. Sei que é além da dualidade que existe a evolução. Desapego de culpados e vítimas. Vejo que tudo é ação e reação. Me seguro na inteligência emocial enquanto a realidade espiritual faz bambear toda essa ilusão. Desapego do controle e liberto todo o negativo. Abraço cada intenção. Abraço cada passo do mundo e agradeço a materialização. Começo a entender os caminhos que o universo faz. Entendo que a mente que cria a violência é a mesma capaz de criar a paz.

A mão que fere e arranca
é a mesma mão que planta
Uma hora as coisas que nos desmontam
minguam com a Lua
Mas o caos por vezes se torna necessário
para a mudança ser inevitável
O colo que rejeita
é o mesmo que acolhe
O ponto de atração para o bem que queremos
começa na intenção de tudo o que
fazemos, pensamos e dizemos
Temos mais poder do que imaginamos
na cocriação de um novo mundo
é dentro do labirinto da harmonia
que pra esse novo rumo caminhamos

Quando a gente enxerga a vida somente com a parte dos cinco sentidos, com nosso corpo físico, sentimos a fragilidade do ser e a nossa ferramenta de sobrevivência se torna o medo. Com esse medo, nasce a necessidade de dominar o ambiente para nos sentirmos protegidos. Normalmente, quando a gente julga alguém, é porque queremos esconder algum aspecto nosso de nós mesmos. Apontando o dedo pro outro, a mente se engana rápido, e assim nos libertamos da dor de sentir nossas próprias correntes.

Nem tudo é luz nessa vida. E é parte do nosso processo lidar com isso. Falando sobre movimentos grandes que acontecem hoje no mundo, quando nos deparamos com a escuridão da humanidade que ainda opera na prática da maldade com outros seres, é uma atitude realmente necessária se opor com projetos e com ações que transformem e melhorem a vida coletiva. Partindo sempre do princípio de que a nossa liberdade termina quando começa a do outro, se um outro interfere na liberdade de outros, podemos ajudar esses outros dos quais a liberdade foi retirada.

O que não traz resultado é se apegar no falar mal, se apegar na revolta, criar vibração baixa que não altera nada e só piora. O julgamento que colocamos no mundo só faz a gente se sentir mais julgado. O pensamento negativo que a gente coloca sobre o outro reflete e volta.

É mais fácil colocar a culpa no que nos rodeia do que assumir a própria responsabilidade na realidade em que nos colocamos. É mais fácil apontar o dedo do que sair de casa e agir por um mundo melhor, por uma vida melhor, e se trabalhar internamente, porque mexer nas feridas dói. É incômodo demais. Mas é a única saída.

Erramos e acertamos, nos perdemos e reencontramos, caímos e levantamos. Quando a gente fica tentando se justificar antes mesmo de alguém nos perguntar algo, é porque nós estamos nos julgando antes mesmo de qualquer pessoa. E mesmo vivendo nossa melhor versão, podemos ter crenças ou receptores do consciente coletivo agindo em nós e atraindo algumas energias que não gostaríamos de atrair. Atraímos também o que vem através dos nossos medos. Trazer à consciência quais são eles e trabalhá-los é o começo da troca vibracional de tudo que vem através deles. O universo trabalha com duas fontes principais de intenção: medo e amor. O medo sustenta o ego. O amor sustenta a alma.

O nosso compromisso é ajudar o universo a nos ajudar. Não importa quanto tempo leve. Não vamos nos apegar no tempo nem na comparação do processo. O que funciona para alguém pode não funcionar para nós e vice-versa.

Estar com a saúde mental em dia é raro nos dias de hoje. Existe uma consciência coletiva que opera desde muito antes de nascermos. O mundo vai nos dizendo coisas, nos fazendo acreditar em outras, ter medo de mais algumas e, no fim, já não sabemos o que é nosso e o que foi criado em nós. Quando adentramos um caminho de cura, não estamos apenas nos curando, mas estamos também curando toda a história que existiu antes de estarmos aqui. Estamos nos curando para iluminar o planeta de anos e anos de escuridão. Se alguém me pergunta por que curar o planeta, o que eu posso dizer é: por que não?

Meditar é abrir os horizontes do pensamento
Para que a mente voe além do próprio pensar
Se movimentar é abrir os horizontes do corpo
Para que a energia flua além do próprio estar

A mente em paz e o corpo em ação possuem uma força poderosa. Voltar ao ser. Estar em movimento. Nossa energia se cria em um constante fluir e se movimentar. A física é simples. Um corpo parado tende a ficar parado. Um corpo em movimento tende a ficar em movimento. Quando temos a consciência de que tudo está conectado, tanto dentro como fora, se torna possível equilibrar os eixos. Equilibrar mente e corpo. Feminino e masculino. E também equilibrar nossos hormônios e humores. Existe muita cura em meditar e se movimentar.

Alimentação também é uma poderosa medicina. Nosso físico não está desconectado da mente e do emocional. A gente não come bem para ter o corpo "padrão". Inclusive, essa padronização foi um dos maiores desserviços que a humanidade cometeu contra si mesma.

A gente não come bem para ser da moda fitness. A gente come bem porque se ama. Porque se quer bem. E o nosso querer tem muita força. Comer bem não tem a ver com ser magro ou com dietas da moda, e conhecer sobre alimentação tem tudo a ver com autoconhecimento. Vamos passar a vida nos alimentando. A gente subestima muito o poder que existe na natureza quando vai direto à farmácia. Alimentação focada em nutrientes é uma das maiores formas de prevenção de doenças e desequilíbrios do corpo e da mente. E temos que entender que cada um tem um corpo, uma rotina e uma necessidade.

Chega uma hora em que se faz necessário repensar o modo como a gente se cuida e se alimenta. Descascar mais, desembalar menos. É tão óbvio, tão primário e ao mesmo tempo tão distante da realidade de muitos hoje. Alimentação, antes de ser qualquer outra coisa, é um combustível necessário para que a gente viva. Voltar ao nutrir-se. A gente se apega muito aos alimentos pelo gosto aos quais nos acostumamos e pelo prazer que temos em comer, sem perceber que isso é outra grande fonte de ilusão. Se for carregada de toxinas em vez de nutrientes, a inteligência que existe em nós vai precisar lutar contra si mesma para se desintoxicar. E uma alimentação fraca em nutrientes é um gatilho imenso para a compulsão alimentar. As dietas para perder peso também. Nosso paladar é completamente adaptável. Temos a possibilidade de comer alimentos que nos dão prazer e são completamente nutritivos. O corpo fala. O corpo pede. O corpo grita. Temos em nós a sabedoria para escutar o que ele está tentando dizer. E só dá certo quando parte do amor, não da obrigação. Só dá certo quando a gente encontra o nosso equilíbrio, que é diferente do equilíbrio dos outros e que só a gente vai poder realmente saber qual é.

Dentro desse tema, existem o vegetarianismo e o veganismo. São assuntos polêmicos e existem muitas controvérsias, mas proporcionam uma conversa boa para o caminho de volta às raízes.

Sempre sem julgamentos, operando na liberdade e no livre-arbítrio de cada um, a questão aqui não é realmente sobre comer ou não carne e produtos derivados do animal ou utilizar esses produtos. A questão é termos consciência de como esse processo acontece hoje em dia, saber a fundo. Afinal, essa carne está nos servindo de combustível. E entender as consequências disso não só para nós e para os animais, como para todo o planeta. Caso contrário, acabamos atirando no nosso próprio pé.

O consumo consciente é a base de tudo. Tanto para a alimentação quanto para o restante das coisas que consumimos. Dentro desse assunto há muita cura a ser feita para a humanidade e para todo o planeta.

A energia não morre, apenas transmuta e nos influencia quando nos alimentamos. A vibração que permeia a indústria alimentícia se espalha pelo mundo até chegar na nossa mesa. Se esse bicho sofreu a vida inteira, vamos por tabela não só nos alimentar de proteína, de aminoácidos etc., mas também de uma energia que pode nos afetar de inúmeras maneiras. Os animais hoje vivem uma vida de escravidão para nos servir. Não está funcionando como a natureza criou. Não estamos agindo no topo da cadeia alimentar, estamos agindo contra essa cadeia.

Quando nosso corpo se liberta dessa energia densa, ele entra em uma maior conexão com a vida, com os animais e com a natureza em geral. Como falamos no início, tudo o que aqui existe é uma extensão de nós. É um processo para encontrar o melhor resultado em cada caso, o que está de acordo com as necessidades de cada um, além do que cada pessoa quer trabalhar em si nessa experiência toda.

Enquanto houver sofrimento animal como existe hoje, haverá sofrimento humano. É um processo cármico e só depende da gente mudar essa realidade.

É importante saber como nossos atos afetam a nós mesmos, aos outros seres e ao planeta como um todo. Assim, vamos nos aprofundando em como podemos praticar mais amor por nós, pelas espécies que compartilham o planeta com a gente e pela vida. Independente de qual for a sua escolha, faça com sabedoria e não do dia para a noite. E não faça se isso for gerar mágoa ou rancor de alguma maneira. Se for um processo muito pesado, a sua infelicidade ou restrição vai reverberar de forma negativa e não é esse o propósito da transformação. Escuta a verdade do coração. Ele sabe o melhor caminho.

A vida melhora também quando a gente decide respeitar o processo alheio. Entender que cada um tem uma vivência e uma percepção de mundo. Ainda mais importante do que o que a gente consome é o que a gente transmite.

Temos mania de usar rótulos. A cada rótulo de que desapegamos, um pouco mais livres nos tornamos. Um pouco mais tolerantes ficamos e menos extremistas serão os nossos posicionamentos. Não adianta parar de comer carne pela empatia animal e faltar com a empatia humana. Antes de qualquer coisa, somos animais também.

O processo de expandir a consciência não vai necessariamente mudar a vida por completo da noite para o dia, mas sim transformar a forma como enxergamos e nos relacionamos com a vida que temos. Tem gente que tem muito medo da mudança, outros que encontram o poder de adaptação rapidamente. Alguns são mais resistentes... Quanto menos a gente se apega às coisas da vida, mais fácil se torna entender a transitoriedade de tudo o que existe. Mudar de pensamentos, de hábitos, de lugar, de aparência e não se fechar no próprio mundo traz crescimentos absurdos, principalmente porque nos desafia ao nosso poder de adaptação, de lidar com o novo dentro e fora de nós, e isso com certeza expande a nossa percepção e a nossa zona de conforto para atrairmos mais sabedoria e, assim, mais harmonia e abundância em todos os sentidos.

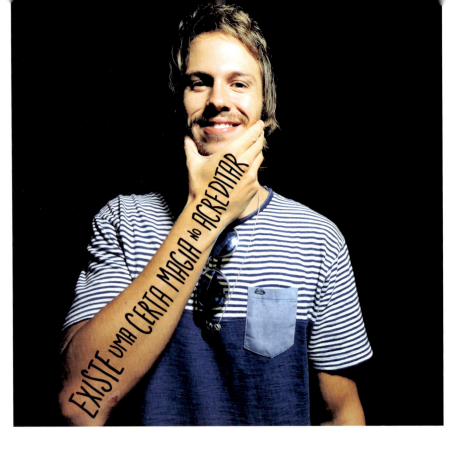

Se eu te dissesse que a vida é boa
Talvez você não acreditaria
Te mostraria que tudo é possível
Comprovaria o impossível
E que não estamos aqui à toa
Se eu te dissesse que os pensamentos guiam
Talvez você duvidaria
Te mostraria as sincronicidades
Te falaria algumas verdades
Sobre conexões, natureza e pessoas
Se eu te falasse para pensar em algo
No que você pensaria?
Tem pensamentos que nos levam para o caos
E outros para a calmaria
Fique com o que te traz paz
E valorize o que você é
Não só o que você faz
Se eu te dissesse que isso faz diferença

Inclusive uma diferença imensa
Talvez você me escutaria
É a gente que decide
O que fica e o que voa
De uma história, da vida e de algum dia

É a gente que escolhe se quer ver as situações de uma maneira boa ou ruim. Se quer ver como tragédia ou oportunidade de mudança. Se quer ficar se culpando e culpando o outro, o mundo, se martirizando ou seguir em frente. Desencana que podia ser diferente. O que era para ser, foi. Agimos com o grau de consciência do momento e o outro também age assim. O presente sempre pode ser melhor. E a forma como enxergamos o que passou também. Cada decisão nos leva a novos resultados e o que não vale a pena é ficar se maltratando e se punindo por decisões passadas que tomamos. É a mesma coisa se ficamos punindo o outro. A mágoa amarga a alma. Drena nossa energia e não muda nada. Aliás, nos faz muito mal. O que muda é essa nova forma de ver a vida depois de um aprendizado. E pode ter certeza que outras situações virão pra que a gente coloque isso em prática, além de vivermos o perdão e, principalmente, o autoperdão. Não somos perfeitos e é uma paz enorme se perdoar por não ser. Querer apagar o erro é querer apagar também o que nos fez crescer. Cabeça erguida, pés no chão, consequências resolvidas e evolução. Pra tudo a gente dá um jeito e encontra uma solução. Assim a gente se prepara para as bênçãos que pedimos e principalmente para as bênçãos que nem imaginamos que virão.

Me perdoei por não ser perfeita
Tirei a culpa de dentro de mim
Em excessivas cobranças
Mágoas, traumas
E más lembranças
Resolvi colocar um fim

Abençoei meu caminho
Acreditei nos meus passos
O que quero, faço
O que tira minha paz
Eu passo

Andei descalça pela vida
Senti a terra curar minhas raízes
Os momentos que fui feliz
Guardei
Desapeguei dos infelizes

Ressignifiquei minha própria história
Em evolução e aprendizado
Se alguém já me fez mal, perdoo
Não guardo rancor na minha memória
Agradeço por todo passado
Por cada pequena vitória
E o tempo passa aliviado

Se eu já fiz mal pra alguém
Peço perdão também
Já não faz parte de quem sou
Não levo bagagem pesada
Pro destino aonde vou
Posso errar de novo
Apesar de me esforçar para não
Mas aí é comigo e com a verdade do meu coração
Seguindo em frente
Vejo a vida diferente
Aprendi a me aprender
E a desaprender do que injetaram na minha mente

Não vivo num mundo de competição
Não vivo nesse mundo cruel
Não quero ser melhor que ninguém
E se alguém quiser ser
É compromisso deles com o céu

O que eu posso é emanar o bem
Não vim aqui pra julgar
Não vim pra mudar ninguém
Vim aqui pra aprender
E pra me melhorar também

Me perdoei por não ser perfeita
E assim, me libertei
Entendi que só o imperfeito tá livre pra crescer
Já pensei que muito sabia
Feliz estou, que nada sei

Nós realmente voamos quando encontramos nossa vulnerabilidade e percebemos que está tudo bem em demonstrá-la. Que podemos nos perdoar por não sermos perfeitos.

Só é possível transformar uma situação que nos causou dano, sem que isso nos martirize, sem que nos traumatize, quando colocamos em prática a compaixão. Com nós mesmos e com o outro. Quem mais precisa é quem menos merece. E essa é uma das maiores lições que podemos aprender. Desafiadora. Mas necessária para uma maior compreensão das vivências humanas.

Entender a imperfeição é o que torna possível a evolução. É o que torna possível aprendermos o que precisamos aprender com determinada situação ou com a infomação que estamos emitindo para ter chegado ao ponto de cocriar aquilo. A gente falou muito de cocriação. E já entendemos que é, sim, possível criar nossa realidade. E se temos o poder de criá-la para o bem, também temos o poder de criá-la para o mal. Esse é o grande papel da autorresponsabilidade. Tudo o que é rejeitado cresce. Tudo o que é compreendido transforma.

Compreendi meus pais
Meus irmãos
Meus avós
Minha família
E assim compreendi a mim

Compreendi meu trabalho
Meus amigos
Meu país
E assim compreendi a mim

Compreendi o caos e o ser humano
O bem, o mal e o stress mundano
E assim compreendi a mim

Compreendi que compreender tudo o que me desafia
É compreender quem sou eu
Se o mundo é uma extensão de mim
Então o caos dele de certa forma também é meu

Apontar o dedo só deixa a energia esgotada
Não muda o presente
E muito menos o rumo da estrada

Por tanta falta de compreensão
Uma parte de nós tá se afogando
E a outra parte tá sendo afogada

Em um salve-se quem puder
A mente até fica travada
Porque mesmo o mundo sendo extensão de nós
Tentar salvar tudo de uma vez
É correr o risco de não salvar nada

Pais que não entendem filhos e filhos que criticam os pais. A falta de compreensão começa em casa e os problemas que muitas crianças e adolescentes passam na escola começam pela falta de conversa e de diálogo familiar. Mas essa questão vai muito além...

Temos no nosso DNA informações que carregamos desde que nascemos que vêm dos nossos pais e antepassados.

Também vamos acumulando informações no nosso subconsciente desde crianças. Alguns estudos comprovam que isso acontece desde a barriga da nossa mãe. E também temos informações e crenças transmitidas socialmente a nível histórico, ou seja, o resultado de todos os que aqui viveram e de tudo o que aqui aconteceu antes de nós.

Todas essas informações vão formar a nossa personalidade e o ambiente em que vivemos vai influenciar diretamente nos nossos hábitos, na nossa cultura, na forma de ver o mundo e de reagir ao exterior. Uma crença histórica acaba sendo mais desafiadora de transformar do que uma crença pessoal, porque, como falamos antes, se a realidade também pode ser um consenso, quando muitas pessoas acreditam em algo e vibram nessa crença, a consciência coletiva é afetada com essa informação.

Existe um cientista chamado Rupert Sheldrake que estuda um fenômeno chamado de campo morfogenético, que se baseia na ideia de que existe uma memória na natureza e de que cada espécie tem uma memória coletiva. Segundo ele, os campos morfogenéticos seriam estruturas energéticas invisíveis que se estendem no espaço-tempo e estabelem formas e comportamentos coletivos no mundo material. Cada membro de uma espécie teria seu próprio campo mórfico e a soma dos campos mórficos dos indivíduos formaria o campo das espécies. Esses campos teriam condições de guardar e trocar informações através de um processo de ressonância.

Quando um grande número de seres de uma determinada espécie entra em contato com uma nova informação, cria-se um novo holograma, essa informação se expande e passa a fazer parte da consciência coletiva da espécie, podendo ser transmitida para outros seres, sem que necessariamente eles tenham tido contato direto com a nova informação. Esse processo pode se expandir também para a consciência do todo e isso pode ser entendido como expansão da consciência.

Como a nossa energia segue a mesma direção do nosso pensamento, grupos de pessoas entrando na mesma frequência em diversas partes do planeta têm efeitos de transformação na energia e na consciência coletiva. Isso acontece para o positivo e para o negativo. Se um número crítico de pessoas sintoniza na frequência do medo e da violência, isso se alastra por todo o planeta. Se vibramos na revolta, criamos o mesmo holograma de raiva e medo que se materializa nas mãos de quem pratica o mal. Se vibramos no amor, na compreensão e no perdão, criamos o holograma da paz que se materializa nas mãos de quem pratica o bem e, quando essa vibração é sentida e emanada por um número considerável de pessoas, a partir da verdade do coração, nos tornamos capazes de ver a transformação positiva não somente na nossa vida, como por todo o planeta.

Se conseguimos transmitir energia e informação à distância, conclui-se que as mentes estão todas conectadas, não existe separação. Estamos conectados a tudo, a todas as espécies e a todas as formas de vida. E como também podemos nos conectar com a matéria não orgânica, chegamos ao ponto em que nossa consciência está conectada a toda a criação. Estamos ligados às estrelas, aos astros, aos planetas e a todo o universo, não somente pelos elementos que nos compõem (terra, água, fogo, ar e éter) mas também pela nossa mente. Compreendendo isso, podemos compreender um pouco mais a respeito de nós e de tudo o que nos rodeia e entendemos que não evoluímos somente para sermos pessoas melhores, evoluímos para termos um mundo melhor.

Tem horas que estou bem
E nem sei por que estou bem
Tem horas que estou mal
E nem sei por que estou mal
Tem horas que confunde
Que bagunça
Que me perco no sentir

Não sei se estou em um mergulho raso
Ou num oceano profundo
Não sei quem de fato habita em mim
E quem em mim habita o mundo

Não precisamos dividir as coisas em boas e ruins, são apenas experiências. Tudo é importante para o processo evolutivo. Tudo é válido. A dor em algum momento é inevitável, mas o sofrimento é opcional. Não é necessário sofrer para evoluir. E, às vezes, mesmo aprendendo algo, voltamos a repetir o erro. A evolução tem dessas coisas. Um dia a gente sabe. E pensa que sabe pra sempre. Mas vira e mexe voltam algumas situações que nos testam. É um esforço entender nossas contradições. E nelas a gente descobre um monte do que ainda nos trava. Evitar a felicidade para não correr o risco de sofrer depois é como evitar a vida só porque um dia não estaremos mais aqui. Ou não criar nada por medo de críticas. Tentar agradar a todos é o primeiro ato do fracasso. É nessa descoberta que a gente se desafoga do medo do sucesso e encontra nossa missão aqui. Às vezes, inconscientemente, temos medo de sermos julgados caso tenhamos sucesso... Ou temos medo do próprio sucesso, mas, quando encontramos nosso propósito, nos alinhamos com a existência. Quando nos alinhamos, enviamos novas informações ao universo e nos tornamos um ponto a mais de transformação dentro da nossa espécie.

QUANDO O MATERIAL SE ALINHA À NOSSA MISSÃO ESPIRITUAL A VIDA REENCONTRA SEU SENTIDO E SUA PROSPERIDADE

Existem os propósitos de vida e também os propósitos diários. Da forma como eu entendo e vivo, os propósitos diários são aqueles de ajudar alguém que precisa, dar uma palavra amiga, um abraço, dizer a alguém o quanto essa pessoa é especial, nos amar a cada dia um poquinho mais etc. E o propósito de vida é algo que nos faz bem, que ajuda o mundo e que nos possibilita uma vida próspera e abundante. É quando a gente alinha as nossas necessidades com as necessidades do mundo. Para descobrir esse alinhamento é preciso adentrar essa mente cheia de memórias inacessadas.

Costumávamos ter a imaginação e a criatividade tão ativas. Costumávamos sonhar bem alto. Brincávamos com uma caixa de sapatos e queríamos saber o porquê de tudo. Voltar à nossa criança é voltar a nos lembrar de quem éramos antes do mundo nos dizer quem deveríamos ser e o que deveríamos fazer. Por isso, conversar com nossa criança interna é um exercício poderoso para descobrir nossos dons e talentos, liberar traumas, ressignificar situações, descobrir mais de nós e encontrar nosso propósito.

> TEMOS DIFICULDADE DE ACEITAR QUEM SOMOS PORQUE ESCUTAMOS O TEMPO TODO COMO DEVERÍAMOS SER

Nosso cérebro armazena informações e, como um hard drive, possui memória para tudo. Muitas vezes passamos por uma situação muito dolorosa emocionalmente e, para nos proteger da dor, esse fato fica escondido e não conseguimos acessá-lo pelo consciente. Não nos lembramos dele, apesar de isso ainda estar armazenado no subconsciente e de nos influenciar completamente nas nossas ações, pensamentos e decisões. Por muito tempo, muitas pessoas acreditaram que seria mais seguro não acessar essas memórias, pois isso poderia nos lembrar de situações muito negativas que nos deixariam pior, e que o cérebro escondia essa informação por um motivo.

Mas se essa memória nos impede de viver melhor e de seguir nosso propósito, não seria melhor encarar de frente, compreender, perdoar o que for necessário, ressignificar o trauma em aprendizado e se libertar de uma vez por todas de tudo o que nos limita? Fugir de nós mesmos jamais nos levará a resultados diferentes e muito menos a resultados melhores.

Muitas vezes mudamos o rumo da nossa vida para sermos bem sucedidos e reconhecidos, mas acabamos enjaulando nossos sonhos e criando uma vida infeliz na maior parte do tempo. O propósito não tem a ver com ser famoso. Tem a ver com viver a verdade da alma.

A gente se empenha tanto em ser reconhecido
E quem nos criou vive de anonimato
Praticamos boas ações e temos uma vida honesta
Não para mostrar aos outros
Ou impressionar alguém
Apenas para nos cuidar
Apenas para viver bem
E apenas isso
Já é muito

Temos que decidir tão cedo o que passaremos o resto da vida fazendo, mas não é esse o problema. O problema é que na maioria das vezes os outros não acreditam no nosso sonho e, em muitos casos, nem a gente mesmo, porque o mundo diz que muitos trabalhos que preenchem nossa alma não dão futuro. A verdade é que tudo o que fazemos com amor, se colocarmos foco, organização, disciplina e valor, uma hora nos dará retorno. O caminho mais fácil muitas vezes parece mais atraente, só que não é nossa paixão, então acabamos em um labirinto sem saída.

Viver em um emprego do qual não gostamos prejudica completamente nossa saúde mental, física e emocional. Criamos um limite e nos aprisionamos porque sempre existem boletos no fim do mês. Milhões de responsabilidades, custos, família etc. A necessidade de segurança pelo pavor da falta faz com que a gente passe mais um ano e mais um ano e mais um ano na mesma situação.

Quando a gente expande a zona de conforto aos poucos e vai introduzindo a cada dia algo novo que nos direciona para a mudança que queremos e nos deixa um passo mais perto do nosso sonho, uma hora já não precisaremos levar essa vida que não nos realiza. Mas é claro que precisamos saber para onde queremos ir.

Então, o primeiro passo é se conectar com aquela criança que constumávamos ser. Ela diz tantas coisas. Mostra tantos caminhos. Feche os olhos. Abrace essa criança que tem aí dentro. Olhe para ela. Converse com ela. A meditação de encontro com o nosso eu criança abre nosso olhar e expande nossa percepção de nós mesmos.

Escreva em um papel quais são seus maiores sonhos, no que você se realizaria, sem limites. Imagine que tudo, absolutamente tudo, é possível. Onde, com quem e o que você estaria fazendo?

Dentro desses sonhos e dessas vontades, qual deles você consegue unir a uma realidade que te permita viver disso e que seja importante para outras pessoas também, além de você? O que você estaria somando no mundo com esse sonho? Isso não quer dizer que precise ser algo grande, para atingir milhões de pessoas. Pode ser algo pequeno, para uma comunidade pequena, por exemplo. Nenhum sonho que vem do coração é pequeno demais. Lembre-se da linha invisível que afeta nossa vida. Da informação que você e que essas pessoas, independentemente de quantas forem, estarão enviando à consciência cósmica. Isso importa muito.

E não importa qual seja o seu sonho, sempre haverá algo para ser feito no hoje, mesmo que pareça um passo pequeno, que vai te colocando no caminho dessa nova realidade. A cada ação que realizamos, abrimos energeticamente novos portais de possibilidades para o nosso futuro. O próximo passo é mais importante que o objetivo, porque é ele que abre os caminhos. Se estamos felizes realizando esses passos pequenos, então está aí o caminho para nosso propósito. Se esses passos pequenos fazem com que nos sintamos pesados, drenados e desmotivados, com certeza o caminho é outro. Só não pense que o propósito está relacionado a trabalhar pouco.

E jamais pense que é tarde demais para mudar tudo, porque a crença limitante em relação à idade é outra que nos prejudica como indivíduos e também como sociedade. Não existe idade que seja tarde demais. Não existe idade que seja tarde para se conhecer, mudar a vida e se realizar. Não existe idade que seja tarde para refazer tudo, refazer nossa ideia de mundo e nos refazer.

Existem histórias inspiradoras de pessoas que se realizaram após os 50, os 60, os 70 anos, depois de passarem uma vida sem saber o que queriam. Se nos cuidamos, podemos viver até os 100 anos com qualidade, então imagine que aos 50 estamos só na metade.

A vida é um efeito dominó de ação e reação, causa e consequência. Combinações de pequenos segundos que mudam o rumo de tudo. Quando decidimos nos refazer, acabamos passando por processos profundos e muitas vezes dolorosos. A tristeza, assim como a positividade, é completamente importante, é através dela que criamos a consciência de que algo precisa mudar.

Viver no desespero da positividade sem deixar que o outro ao menos possa desabafar com a gente porque já vamos entender como energia negativa ou passar por cima do que sentimos porque não queremos falar sobre nada triste só vai causar o sentido oposto, e acabaremos reprimindo emoções em nós em vez de deixá-las seguirem o fluxo natural e se transformarem para o nosso bem.

Não precisamos nos afundar na tristeza, nem precisamos ter o controle sobre ela ou rejeitá-la. Chorar não faz de ninguém uma pessoa negativa, chata ou depressiva. Chorar faz bem. Alivia a alma e é completamente saudável! Em uma sociedade de falsas felicidades, uma lágrima verdadeira vale muito. E ela passa. De verdade. Tudo o que deixamos fluir passa. Depois a gente sempre acaba rindo dos nossos tombos.

Ir em busca de uma vida sábia não tem a ver com seriedade. Já falei tantas verdades brincando que hoje brinco de falar verdades. A vida passa muito rápido pra gente se levar tão a sério. Sabedoria também é leveza, conhecimento também traz risadas. Rir de si mesmo é um remédio poderoso, liberta a alma da pressão que colocamos em cima de nós.

Talvez nunca descubramos nem realizemos tudo o que queremos, mas nos conhecer sempre mais e estar aberto para conhecer de verdade os outros é a melhor coisa que podemos fazer na vida. Não importa quanto tempo já tenha se passado, não importa o quanto pareça que estamos presos em algo, não importa quantos obstáculos parece haver na nossa frente... Não desista de ter a vida que você sempre sonhou. Não desista de se fazer feliz. Não desista de meditar porque não conseguiu as vezes que tentou. Não desista da sua paixão porque não deu certo na primeira tentativa. Não importa quantas vezes precisamos tentar algo, se for fazer bem, não desista. Não desista de fazer um mundo melhor. Não desista de si... E também por si, não desista de nós.

DESISTA SOMENTE
DO QUE NÃO PREENCHE O CORAÇÃO
E NÃO ELEVA A MENTE

Às vezes é bom desistir de algo quando já não é o que nos preenche. Estamos em constante transformação e no meio de um sonho podemos mudar o nosso ser a ponto de querer mudar de sonho também. Tem horas que seguimos porque foi tanto esforço para chegar aonde chegamos que não nos permitimos desistir e, como uma certa punição, pensamos que depois de tudo o que fizemos, agora temos que arcar com as consequências. Obviamente, arcaremos com as consequências de uma desistência, mas continuar seguindo talvez possa ser pior. Tempo nunca é gasto, é sempre colecionado. E sai um peso do ombro quando a gente desiste do que já não nos faz feliz. A vida é o tempo exato entre um segundo e nunca mais. Então cada segundo é uma vida nova sendo criada, dentro e fora de nós. A única coisa que temos como garantia é o agora e o sentimento que vibra nesse momento. Nada se perde, tudo se transforma. E mesmo que amanhã possamos não estar mais aqui, ao deixarmos as marcas dos nossos sonhos, nos tornamos imortais.

Quando tocamos outras almas
Alcançamos a eternidade
Quando tocamos outras vidas
Sentimos o amor
Quando sentimos o amor
Entendemos o porquê de estarmos vivos

    Não entenda essa foto apenas como símbolo do amor heterossexual. Aqui estamos falando de todo e de qualquer tipo de amor. Como disse no início, não crie ideias sobre a imagem das pessoas aqui, recebi fotos com muito amor e as dividi pelo livro. Poderia completamente ser uma foto de um casal gay, de uma família, de dois amigos… Nessa foto, vemos duas energias se amando. A grande questão é que justamente esse casal nos comprova o quanto a vida é incerta e um sopro no tempo. O quanto é importante amarmos e deixarmos as pessoas que amamos saberem disso. O quanto cada segundo aqui é precioso.

    Na tragédia de Brumadinho de 2019, ele se foi. E ela ficou para contar essa história e criar essa homenagem. O amor acaba? Jamais. Enquanto existir vida, esse amor irá durar. A conexão não termina. A energia transcende a matéria. E realmente um abraço faz falta. A presença física faz falta. Mas uma pessoa só se vai realmente quando ninguém mais se lembra dela. Quando não existe mais em vida nenhum legado seu. Nessa teoria, quem vive seu propósito se torna imortal. Quando cada um vive sua missão de alma, cada um complementa com a sua peça esse quebra-cabeça e, quando tocamos outras almas, reencontramos o sentido da vida.

Talvez a história dessa foto comprove tudo o que falamos até aqui. A importância de entender a transitoriedade. O quanto nossas ações e as ações dos outros influenciam e nos influenciam. O quanto somos tudo e nada ao mesmo tempo. O quanto é importante a nossa união. Enxergar o outro como uma extensão de nós e não um inimigo. Parar de culpar o mundo e entender cada experiência como oportunidade de evolução. Pegar a responsabilidade na mão e sentir que ela não precisa ser tão pesada quando começa a ser dividida.

Não cabe mais viver nessa terra da comparação e da competição. Não tem sentido viver com essa pressão. A gente não veio pra cá pra batalhar mais que o outro, pra disputar sofrimento, pra apontar dedos, para ser melhor... A gente não veio pra ser mais bonito, mais saudável, mais inteligente, mais rico, mais produtivo, mais ativo, mais extrovertido, mais feliz. A vida passa tão depressa... Tudo o que realmente temos somos nós mesmos e uns aos outros.

Vejo que essa busca por ser melhor que o outro, em vez de ser uma versão melhor de si mesmo, começa já quando somos bem pequenos. Em vez de aprendermos desde cedo a viver em harmonia, a plantar, a cozinhar, a nos expressar, aprendemos na escola a competir e a reproduzir. A gente acaba sendo podado, muitas vezes por nós mesmos, dentro da ideia de comparação. As personalidades "rebeldes" se rebelam por um motivo. Por não aguentarem ficar nesse sistema depressivo. Por não aguentarem a pressão de não poderem se expressar verdadeiramente sem serem julgadas. São personalidades que precisam questionar e não aceitam apenas uma boa história como verdade.

Mas, de tanto bater a cara, a maioria de nós acaba cedendo em algum momento. Talvez porque também queremos receber amor e o medo de ser do contra e de ser julgado pesa demais. Principalmente por acreditarmos por muito tempo que o amor é algo externo, algo que se recebe do outro e que precisa ser merecido.

Quando a gente muda para tentar se encaixar, a nossa alma se esvazia e o vazio que a gente sente é gigante. Podemos até receber afeto, mas, sem ter o amor interno, nem sentimos esse afeto que chega, porque não é amor verdadeiro de sermos quem somos, é apenas um sentimento de troca por sermos o que querem que a gente seja. E o nosso amor-próprio some. Sem amor por nós mesmos, a carência cresce. E então buscamos ainda mais desesperados o amor externo. Não encontramos, porque nessa hora já nos perdemos um monte. Metemos os pés pelas mãos, muitos chegam ao desespero de implorar por amor, de se desrespeitar, se humilhar e se maltratar para tentar receber o amor do outro.

NÃO SE CONTENTE COM POUCO, O DESCASO DO VAZIO DESTRÓI QUEM É INTEIRO

E vai destruindo até perdermos a nossa identidade. Sem nossa identidade não encontramos nosso propósito e ficamos ainda mais presos na competição, no medo, na inveja, na escassez e na comparação.

A real é que, fazendo o que o mundo exige ou não, vão nos criticar até que todos entrem na nova frequência. A real é que estudamos para trabalhar e ganhar dinheiro para ter uma vida boa, mas ainda temos a energia do dinheiro bem desequilibrada em nós. Para equilibrarmos novamente a maneira como vivemos hoje, temos que nos resolver também em relação a isso.

Dinheiro é consequência de algo que se faz com amor e vem também através do nosso propósito. Viver infeliz pra pagar contas no fim do mês não faz sentido e, dessa maneira, nada irá fazer sentido porque vamos estar sempre infelizes. Passaremos grande parte da nossa vida realizando o que a gente se propôs a realizar, e já temos consciência do quão valioso é o nosso tempo aqui. Uma vez eu li que o preço de cada coisa é o quanto de vida precisamos trocar para ter aquilo. Assim, ressignificamos o valor de muitas coisas.

Dinheiro é energia de troca. Essencial para a vida material. A questão é o desequilíbrio. Muitos com pouco. Poucos com muito. Poder e ganância exacerbados. Quem vibra na falta continua na falta. Quem vibra na prosperidade, vive a prosperidade. Quando temos a consciência da abundância no hoje, o futuro já está garantido, porque aprendemos a praticar e a sentir a abundância no agora. Se em todos os hojes somos abundantes, no futuro também seremos, não precisamos nos preocupar e metade do peso que carregamos vai cedendo espaço para mais abundância, produtividade e prosperidade. Até porque abundância não é só no aspecto financeiro. Ser abundante é ser abudante de amor, de autoestima, de alegria, de saúde, de vida, de relações positivas, de bem-estar...

O mundo vem com a crença de que
não é possível ter tudo
Que crença estranha
Se nós já temos tudo
Mas será difícil pra esse mundo louco
Se todos enxergarem assim
Então colocam essa crença
De que precisamos de mais...
De que é impossível ter paz...
De que produtividade excessiva
É o que traz autorrealização e felicidade...
Mas o ar está bem aqui pra gente respirar
A semente está aí pra gente plantar
A água está logo ali pra gente beber
O Sol nasce todos os dias
Sem exceção pra nos aquecer
E a Lua vem toda noite para iluminar
O último aspecto da abundância
É o financeiro
Ser abundante é algo bem mais profundo
É sobre ver os milagres que existem na vida
É sobre ver possibilidades
É sobre acreditar em si e dar chance ao outro
Ser abundante é enxergar que tudo já temos
E agradecer
Ao dia que nos foi dado
Se permitir ser feliz
Ser sorriso. Ser colo. Ser paz
E assim atrair as melhores vibes para si
Porque essa é a energia
Que a gente coloca na vida
E a vida devolve em triplo, de tão agradecida que fica

Tudo o que temos medo de perder, que pode ser roubado, tirado de nós, transferido ou doado é um reflexo de poder externo. O que conhecemos hoje como sucesso é puramente baseado em poder externo. Isso seria o poder político, o poder econômico, o nosso trabalho, o que temos – nisso entra nossa casa, nosso carro, nossas roupas, nossas joias, nossos bens em geral etc. –, nossos relacionamentos e também nossa aparência – nosso corpo, nossa pele, nosso cabelo etc. O mundo hoje opera sob o controle desses poderes e, por esse motivo, vivemos sob a política do medo e da insegurança. Afinal, tudo o que é externo pode ser tirado de nós, roubado ou perdido em algum momento.

O verdadeiro poder, aquele que não se rouba, que não se perde e que ninguém nos tira sem a nossa permissão, é o nosso **poder interno**, que seria nosso quociente emocional (QE), nosso quociente de inteligência (QI) e nossa inteligência espiritual (QS). Para aumentar nosso poder interno, precisamos estimular os diferentes tipos de inteligência que temos.

Dentro do quociente emocional, entra a gestão das nossas emoções, maior entendimento de si e do outro, saber lidar com situações desafiadoras, o processo de autoconhecimento, autodisciplina e persistência. Dentro do quociente de inteligência, entra nossa propriedade intelectual, ou seja, tudo o que consumimos de informação e conhecimento, a nossa capacidade de absorver e compreender novos conceitos, de resolver problemas lógicos, de lidar com a vida de maneira prática, enfim, nosso desempenho cognitivo. Por fim, dentro da inteligência espiritual, lidamos com a capacidade de encontrar um propósito para nossa vida, de lidar com questionamentos existênciais, de promover o desapego do ego, de adquirir valores mais amplos e de permitir a expansão do nosso campo físico ao entendimento do nosso campo energético. O verdadeiro poder está em dominar a si e investir no poder interno, porque isso que estamos construindo por dentro ninguém tira de nós.

Depois de elevarmos nosso poder interno e de nos alinharmos com nosso propósito, as conquistas de poder externo podem nos trazer inúmeros benefícios, sendo manejadas e recebidas com sabedoria. Afinal, tudo é a intenção que colocamos. A intenção que colocamos no dinheiro também bate e volta. Quando sabemos usá-lo para o bem, unindo-o ao nosso propósito, ele tem um poder de transformação que nem todo mundo enxerga que tem. A consciência da riqueza fala muito disso. Da expansão financeira para que o dinheiro venha para cada um em abundânia, circule e chegue em cada vez mais pessoas através de nós. Temos que estar preparados para receber a abundância e para percebê-la no agora. Perceber o quanto somos abençoados e o quanto precisamos ser gratos.

Nossa cultura ensinou por muito tempo que dinheiro é sujo, que quem tem muito é corrupto, que dinheiro corrompe as pessoas, que elas mudam quando enriquecem, que se tornam superficiais e muitas outras crenças que, se não eliminarmos da nossa mente, dificilmente iremos enriquecer. Na verdade, todos esses julgamentos vêm de pessoas que não conseguiram ter sucesso financeiro e não precisamos ir muito mais a fundo para saber por quê.

Muita gente ainda tem receio de falar sobre dinheiro. Dinheiro é bom, merecemos e merecemos principalmente quando temos a consciência de que ele vem para o bem maior e não para satisfazer nossas necessidades egoicas. Mas também é importante tomar cuidado para não supervalorizá-lo. É muito importante saber separar a importância do dinheiro e sua real função aqui em oposição ao vazio que ele pode trazer.

Quando compramos algo inconscientemente ou conscientemente para suprir uma carência ou um vazio dentro de nós, achando que precisamos daquilo para sermos felizes ou bonitos ou descolados, aceitos, amados etc., podemos até sentir uma felicidade momentânea e imediata, mas o vazio fica ainda maior depois, quando temos o que queríamos e o sentimento de falta volta ou nem mesmo foi embora. Então queremos comprar mais e cada vez mais o vazio vai ficando maior, porque não há o que o dinheiro compre que preencha esse vazio. Muita gente fica na dualidade, se questionando se dinheiro traz ou não traz felicidade. Dinheiro pode trazer felicidade para quem já é feliz com o que tem e com quem se é. Ele adiciona possibilidades, facilidades e conforto. Mas felicidade genuína e paz realmente não se podem comprar. Conforto sim. Tranquilidade de contas pagas também. Mas amor, paz e harmonia são sentimentos da essência e não da matéria. Por isso há essa quantidade devastadora de pessoas que, nadando em dinheiro, se afogam na depressão...

Quando adicionamos propósito ao nosso dinheiro e à nossa vida, esse vazio acaba sendo mais difícil de acontecer, porque agimos com consciência e gestão das nossas emoções, além de já termos feito o trabalho da busca da identidade, então nos conhecemos melhor e entendemos mais a fundo nossas razões. Assim, também conseguimos cobrar melhor pelo nosso trabalho sem que isso seja um peso para nós, principalmente quando estamos falando do nosso propósito, daquilo que foge à convenção social de trabalhos normais que já possuem um salário estabelecido.

    Encontrar e seguir o próprio propósito são como a jornada do herói. Recebemos um chamado e adentramos nessa aventura. Cada pessoa vai passar por diversos obstáculos e um deles é aprender a lidar com a questão financeira, fazendo o que a gente ama. Se valorizar. Reconhecer a importância da nossa missão no mundo e passar isso ao outro. Caso contrário, não vamos conseguir viver do que amamos e voltaremos ao círculo vicioso de trabalhos que nos fazem infelizes, porque de novo operamos com base em crenças limitantes. Nisso, não limitamos apenas a nós, mas ao mundo todo. Quando superamos cada obstáculo interno e externo, nos libertamos e assim libertamos um pouco mais o mundo. A necessidade de se mostrar e de ser melhor dá espaço para o querer ajudar e somar. Começamos a ver o poder de uma vida realmente coletiva.

    Uma sociedade que se desenvolve internamente e sabe utilizar a natureza, o dinheiro e as ferramentas que temos em nós para a ascenção emocional, física, mental, social, ecônomica e espiritual, precisará de remédios tóxicos e hospitais para bem menos questões. Parece uma realidade muito distante, mas a mudança pode ser aqui e agora.

    Estamos elevando a vibração do planeta e cada um é importante. Isso vai se intensificar cada vez mais e, apesar da intensidade se fazer necessária, essa mudança pode ser leve e feita com amor. O amor é a energia de cura. Nenhum remédio jamais superará a força interna que temos. Nossa mente é poderosa. Quando criamos o mundo que desejamos na nossa cabeça e agimos de acordo com isso, o nosso mundo já se transforma. Quem se conecta com a frequência do amor já pode sentir isso.

É apenas uma questão de acreditar e de se permitir.

A felicidade genuína é um estado de espírito e não um prêmio ou uma consequência de algo que a gente fez ou conquistou. Ela não é uma recompensa ou uma meta a ser alcançada. Ela é tão sutil quanto o ar que a gente respira e nem percebe. E nada mais é do que a gratidão do agora. Não existe "ah, eu vou ser feliz quando isso acontecer." Mera ilusão. Ou se é feliz agora, ou não se é feliz. E, mesmo assim, mesmo vibrando no amor, ninguém é feliz o tempo todo, isso seria também um desequilíbrio.

Tem gente até que parece que é, as mídias sociais nos trazem essa ilusão da felicidade contínua sem rastros de qualquer outra emoção. A vida é muito mais do que meros clicks de segundos sorridentes. Idealizar a vida alheia é bem perigoso e acabamos fazendo isso o tempo todo. Se comparar com o outro é pedir doses de infelicidade e insatisfação, porque de fora a gente não sente a batalha. Inclusive, a vontade de ter a vida do outro só vem quando a gente não conhece nem a gente, nem o outro. Então, se faça bem. Em terra onde todos se comparam em tudo, não se compare a ninguém.

Quando a gente se compara, duas coisas podem acontecer e nenhuma delas é uma coisa boa. A gente pode ficar mal porque julga ser ou ter menos que alguém, ou a gente fica bem porque julga ser ou ter mais que alguém. Dois desequilíbrios do ego, ambos partem do medo, tanto a inferioridade quanto a superioridade.

Já é trabalho suficiente lidar com o próprio universo interno e com as próprias batalhas para ficar se comparando. A gente se eleva quando dentro da própria escuridão consegue enxergar melhor as estrelas. E é importante ter nossos momentos de caos. É no caos que pulsa a vida. Então, sem tirar a importância de se escutar para entender o que se passa em nós e a beleza dos dias chuvosos, vejo que a felicidade é como o arco-íris e o pote de ouro. Ela está ali, radiante, e a gente continua procurando algo a mais. Não sabemos quem inventou a história desse pote, mas isso confunde bastante os valores, porque ter a oportunidade de ver o arco-íris, de captar esse momento e de sentir essa energia já é o maior tesouro.

O mesmo acontece dentro de nós. Já temos tudo e o mundo insiste em nos ensinar que precisamos ser mais, ter mais e que sempre precisamos de mais. Não precisamos. Podemos criar a nossa realidade aqui. Podemos nos libertar de tudo o que não faz sentido para nós e de tudo que não faz a gente se sentir bem. Podemos muito mais do que a gente imagina. Podemos inclusive falar sobre nosso sentir e, assim, ajudar e inspirar muita gente.

De maneira invisível eu te sinto
E porque sei o que é sentir medo, sinto seu medo
E porque sei o que é sentir amor, sinto seu amor
Eu te sinto porque também sinto o que você sente
Independente de por que você sente
Ou de por que eu sinto
Independente do lugar de onde está vindo
Eu só compreendo o que você sente
Quando compreendo que mesmo por razões diferentes
Eu também sinto

Quando sentimos o outro verdadeiramente e entendemos a extensão que existe em nós até chegar nele, é como se conseguíssemos tocar a infinitude de ser. Quando passarmos esse entendimento ao consciente coletivo e for possível amar o outro como a nós mesmos, independentemente de gênero, cor, cultura, condição ou religião, ganharemos tanta força que chegaremos a um ponto que nem conseguimos descrever, porque entraremos em uma era diferente de tudo o que já viveu e existiu aqui. Daremos um salto quântico individual e coletivo que se espalhará por toda a espécie e todo o planeta, transformando todo o nosso sentir.

Em um mundo de separações, nosso esforço é redobrado porque estamos lutando sozinhos contra o que no fim faz parte da gente mesmo. E tem que ser muito forte pra se permitir chorar quando ensinam que os fortes não choram. Tem que ser muito forte pra se mostrar de verdade em um mundo onde é tão fácil julgar. Tem que ser muito forte pra passar por cima de todas as críticas e seguir um sonho. E, se não der certo, tem que ser muito forte para se reconstruir. Tem que ser muito forte pra assumir o quão frágil e imperfeito nós somos. Tem que ser muito forte pra assumir os erros, os medos e as inseguranças que temos. Tem que ser forte até pra esconder os sentimentos. Mas tem que ser muito forte pra mostrar o que se sente e buscar viver o que se ama. Tem que ser MUITO forte pra viver. Quando unirmos nossas forças a ponto de atingirmos a consciência cósmica, entraremos no maior portal de conexão entre nós e o divino que nos habita. A partir daí todo o sofrimento se transformará em união e a nossa vida não terá mais limites dentro dessa imensidão.

Só é possível entender o amor em sua essência quando a posse e o querer controlar já estão resolvidos. Quando a energia masculina e feminina se equilibram e uma não se sobrepõe à outra nem dentro, nem fora. Elas são complementares e é através delas que realizamos as trocas energéticas e as conexões importantes para a energia vital. Dentro de cada um se movimentam ambas as forças. Forças essas que, em descontrole, nos causam desequilíbrios emocionais, principalmente nas nossas relações com o outro, sejam essas relações familiares, de trabalho, de amizade, em casais ou perante a sociedade como um todo.

Melhoramos todas as nossas relações, inclusive com nós mesmos, quando não temos mais ganhos em nos ver como a vítima e muito menos em controlar. Só é possível viver o amor quando ele, apesar de tudo, começa a não somente fazer parte de nós, mas a tomar conta da gente por completo.

Muitas vezes, quando ganhamos grande intimidade com alguém, ainda temos a tendência de, em certos momentos, desvalorizar o outro ou colocá-lo em um pedestal. Criamos uma ilusão que nos protege de realmente enxergar a verdade da pessoa porque, enquanto a verdade dela não é revelada, não precisamos revelar a nossa.

Quando não estamos preparados para receber o outro puramente como é e ainda não conseguimos aceitar e mostrar puramente como somos, se esse alguém despe a alma completamente na nossa frente, acabamos por não saber lidar. Se encontramos o brilho, queremos muitas vezes apagar esse brilho, porque se essa pessoa brilhar, existe o medo inconsciente de que ela não fique mais do nosso lado. Se encontramos a fragilidade, usamos isso a nosso favor, contra o outro, para que ele acredite que aceitamos essa fragilidade e somos a melhor opção que ele tem, já que demonstrou esse ponto fraco. Ou então, de alguma maneira e em níveis diferentes, nos colocamos em uma posição de necessidade sobre essa presença, que supre nossa carência, e então supervalorizamos o outro, acreditando que ele é a razão da nossa felicidade e que sem essa pessoa não conseguiríamos viver. Isso acontece até que a gente encontre o equilíbrio dentro da relação.

Como somos espelhos, quanto mais nos aproximamos, mais nos espelhamos, e nossos reflexos acabam sendo grandes oportunidades de evolução. Esse reflexo, se não trabalhado, apunhala o outro com as nossas próprias insatisfações. E a gente pode até tentar enganar a mente, mas a nossa vibração a gente não engana. Esse sentimento vai vibrar trazendo à tona o que precisa ser revisto de novo e de novo e de novo, até que a gente aprenda a transformar isso em nós.

Relacionar-se com o mundo e com as pessoas não é algo que se aprende na escola ou em casa. É algo que se aprende vivendo e se relacionando. Quebrando a cara, amando, confiando, perdoando e se perdoando. Os maiores diálogos sem ensaio e sem chance de voltar atrás. Cada um expressa as emoções de um jeito, recebe as ações e reações de um jeito e não tem como a gente controlar isso. A compreensão vem sempre através de algumas chaves: A comunicação, a claridade, a confidencialidade, o respeito, a confiança e, mais importante, o amor. A gente acaba tendo muita dificuldade em colocar em prática esses elos que são os elos principais de qualquer mudança positiva dentro de nós e dos nossos relacionamentos.

Praticar o amor não é algo fácil
Muitas vezes é incontrolável
Outras frustrável
Outras o escasso

A escassez domina o passo
Paralisa o abraço
Transforma o amor
Em – tu faz, eu faço

O medo domina o ser
Paralisa o sentir
Transforma o amor
Em um jogo de poder

A ansiedade acelera o batimento
Paralisa o sentimento
Transforma o amor
Em paranoia e tormento

O ego desequilibrado é o mais perigoso
Porque quando ama
Ama apenas a si

O ego domina o eu
Paralisa o nosso
Transforma o amor
Em MEU

A paz acolhe o ser
Liberta a alma
Transforma o amor
Em calma

A confiança acolhe a calma
Liberta a ansiedade

Tranforma o amor
Em alma

O respeito acolhe a confiança
Liberta o medo, energiza o solo
Transforma o amor
Em colo

E o próprio amor
Acolhe o outro
Liberta o outro
Transforma o amor
N'outro

E O AMOR-PRÓPRIO?
NÃO SERIA O PRÓPRIO AMOR?

Vivemos a fase do amor-próprio. E é bom pensarmos nisso junto do amor ao próximo porque os dois estão completamente ligados. Obviamente a resposta nunca foi valorizar quem não nos dá valor. Nem implorar por amor a quem não está aberto a nos amar. Esse é um processo muito individual de cada um com suas próprias questões. Durante a nossa caminhada, nem todo mundo vai gostar de nós e tudo bem. Ninguém é obrigado a gostar de ninguém.

Tem gente que se confunde nos sentimentos. Tem gente que ilude para satisfazer o ego ferido. Tem gente que ilude para levantar a autoestima. Tem gente que se ilude tentando satisfazer uma carência emocional. Estamos lidando o tempo todo com almas em intensos processos de evolução e isso não é tão simples. Esse processo chega a nós, como o nosso também chega ao outro.

Responsabilidade afetiva é sobre não enganar, não iludir, sobre sermos honestos com nós mesmos e com o outro sobre nossas verdadeiras intenções, mas também é um processo individual de não se deixar mal a partir do momento que a gente entende que o outro externaliza um reflexo do que vive dentro dele, por isso não cabe levarmos nada para o pessoal. Responsabilidade afetiva consigo mesmo é tirar do outro o poder sobre as nossas emoções e deixá-lo livre da obrigação de suprir nossas expectativas, mesmo quando esse outro nos deu a ilusão de que as supriria.

Amar é diferente de muitos sentimentos que hoje chamamos de amor. Amar é sobre querer bem apesar de tudo. É sobre entender que os caminhos podem se separar e que mesmo assim o carinho continua. Amar é deixar o outro livre para se realizar, para ir em busca de si e até para não nos amar. É entender que cada pessoa tem o direito de escolher seus processos. É perder a vontade de controlar e ficar feliz em ver o outro voar, mesmo que seja para longe de nós, porque amar é sobre libertar. Isso tem a ver com o exterior e com o interior. Se amar é se libertar do que nos faz mal sem causar mal ao outro.

Quando o amor é recíproco, independentemente de as pessoas ficarem juntas ou não, o amor supera todos os limites. Quando nos transformamos para sentir o verdadeiro amor, queremos crescer juntos. Torcemos pelo sucesso alheio sem temer o nosso e buscamos quem está nessa mesma vibração também. Isso se expande não só a casais, mas a todas as nossas relações, porque amor é um sentimento que nos expande e se expande ao universo. Quando cada um encontra seu lugar no mundo, cada um brilha no seu espaço ajudando os outros e se melhorando. Assim como as estrelas que iluminam a noite, quanto mais estrelas brilham, mais bonito o céu fica.

É bom conversar com a noite
E fazer da Lua companhia
Sentir clarear a mente
Ao mesmo tempo
Em que clareia o dia

É bom conversar com a manhã
E fazer do Sol calmaria
Enxergar as possibilidades
Que no escuro a gente não via

É bom conversar com o céu
Independente se é noite ou dia
O céu traz conhecimento
E em cada constelação há sabedoria

É como se fosse uma terapia
Porque não é necessária tanta correria
Tudo é tão passageiro quantos as nuvens
E quanto a chuva que antes caía

É como se a paz tomasse conta
De tudo o que permeia a vida
E cada parte do mundo
Fosse nossa própria companhia

Se encontrar e se amar não é egoísmo e faz muito bem. Porque assim a gente vê que é bom ter companhia, mas se não tiver, tá muito bom também. A gente não sai por aí em busca de alguém pra ser feliz, não aceita mais qualquer relacionamento e percebe o valor de se entregar pra outra pessoa. A gente começa a enxergar as relações de maneira mais profunda e cuida de si para o outro receber o nosso melhor e para não jogarmos nossas carências e traumas em cima de ninguém. Começamos a atrair relacionamentos muito mais harmoniosos, em que cada um cuida de si mesmo para o outro. Assim, em constante movimento, o relacionamento é um constante recomeço de conhecer e se reconhecer. A gente não assume mais, não julga mais, não controla mais, não maltrata mais. Entende o poder da conversa, o alcance da comunicação, percebe que por trás de toda insatisfação existe algo a mais e que estender a mão é a parceria que uma relação traz. A gente entende a fundo do que o verdadeiro amor é capaz, porque parte principalmente da gente com a gente mesmo. Olhando pra si no espelho enxergamos que não existe mais carência porque esse amor é tão gigante que por inteiro já nos satisfaz. A partir daí, é maravilhoso estar apenas consigo e, se alguém chegar pra somar, é um amor a mais.

PS: Me convida pra ser mais feliz ainda. Pra somar sorrisos. Pra dividir abraços. Se for pra cobrar, já basta o mundo todo. E o que me encanta é a liberdade. Me chama pra trocar aquela ideia leve sobre a vida e os mistérios do universo. Pra passear a tarde pisando na areia e pra curtir um luau à beira-mar. Me avisa se bater aquela vontade de viajar. Minha essência precisa, mas se você não for, tudo bem, o tempo se encarrega de nos reencontrar. Me convida pra sentir essa brisa passar. E nesse embalo, me convida pra ficar. Talvez eu não fique pra sempre. Talvez eu nem fique muito. Mas o tempo que durar, vai valer cada memória. Não gosto muito de promessas. Não fico por obrigação. Sei muito bem como sou. Se quiser compartilhar momentos, me chama pra sorrir que eu vou.

Cada pessoa vai atrair o tipo de relacionamento que vibra. Se a nossa realidade é baseada na nossa visão de mundo, transformando o nosso olhar, também transformamos a realidade.

Outro dia, a filha de cinco anos de um amigo perguntou para ele se a vida era uma ilusão. E ele disse que muita coisa era e por isso a gente tinha que tomar cuidado para não sair da realidade. Essa resposta foi um pouco dura e traz vários significados. O que de fato é a realidade? Se sou eu que crio a minha realidade, ela é o que eu quiser e, se cada um cria a sua, então no fim temos milhões de realidades e ninguém mais sabe o que é real de fato. Se a realidade é um consenso, então quando muitas pessoas acreditam na mesma coisa, aquilo se torna real. Mas então a realidade também é completamente moldada por nós. E talvez eu possa escolher viver em outra realidade que não faz parte desse consenso geral. Voltamos assim ao fato de que a realidade é o que decidimos que é. Assim como nós. Assim como a vida. Assim como a existência.

    Somos o que decidimos ser. Somos donos da nossa realidade. Eu me vejo através de ti e te vejo através de mim. E várias vezes eu escutei: "Ah, você não é assim..." ou "Isso não é muito você...", como se soubessem realmente quem somos. Coisa que passamos a vida tentando descobrir e entender. Ou querem muitas vezes nos colocar dentro das expectativas e da imagem que criaram pra nós. E isso não funciona. A gente sabe bem como termina.

> Sou o que decido ser e não o que de mim esperam
> Sou o que lutei para ser e não o que por aí disseram

    Somos o que batalhamos todos os dias para ser. Mudamos quando queremos mudar. Recomeçamos quando sentimos que é hora de recomeçar. E a gente é capaz de ser o que quiser. Então que a gente se faça bem. E se refaça toda vez que achar que faz sentido. Que a gente mude de sentido toda vez que achar cabível. Se reconstrua toda vez que desmontar. E que a gente continue mudando de ciclo, mudando de Lua, mudando nosso mundo e mudando o nosso pensar.

> A mudança às vezes dá medo
> Porque traz o desconhecido
> Até que a vida mostra que não existe nada

Que mude mais que a gente mesmo

A mudança assusta
Porque sacode a vida
E no que parecia um labirinto fechado
Aparece uma saída

Mudar sempre traz questionamento
Mas isso só traz mais crescimento
De ver que o nosso sentimento
Muda se a gente acreditar

O medo da mudança nos trava
Até a vida nos mudar na marra
E então a gente perde o medo
E aprende a se deixar levar

E assim como tudo que existe
A gente entende que as coisas vão e vêm
Aprende que mudar não é fraqueza
E na verdade é o oposto...
É coragem

Mudar é qualidade dos fortes. A partir de mudanças pequenas, a gente muda o rumo de tudo. Quando nos limitamos em não conseguir mudar algo porque somos de tal jeito há muito tempo, porque fomos criados assim, porque já tentamos de tudo e não dá, por medo do julgamento alheio ou por qualquer outro motivo que nossa mente racionaliza e cria uma razão pra aquilo, automaticamente estamos nos dando por vencidos e dizendo a nós mesmos que é impossível antes mesmo de irmos a fundo para entender a causa e trabalhar na mudança. Dessa maneira, acreditamos que a mudança é muito difícil ou impossível e que assim será, porque a partir do momento em que a gente decreta algo para nós, decretado está.

Tudo é possível e a gente precisa primeiro colocar isso no nosso pensamento diário e nos imaginar já vivendo como queremos viver, colocando em prática, aos poucos, essa realidade. Só temos mesmo o agora, e a verdade é que não precisamos de mais nada.

A nossa mente tem a capacidade de se reprogramar através de diferentes estímulos e novos hábitos e pensamentos.

Quando a gente coloca apenas estímulos positivos dentro dela, essa positividade externaliza e reflete em todas as áreas da nossa vida das mais diferentes maneiras. Pensamento positivo gera atitude positiva. E toda essa positividade que começa a florescer em nós faz com que deixemos a nossa luz cada vez maior.

Se estamos nos trabalhando, dando as ferramentas necessárias ao nosso corpo e à nossa mente, mas ainda não estamos onde de fato buscamos estar, talvez seja a hora de mudar não somente internamente, mas de realmente mudar de lugar. Puxe a responsabilidade para si. Encare de frente os medos. Dê o passo que o universo põe o chão.

Então a gente vai se desafiando, se entendendo, colecionando aprendizados e se reconhecendo. A gente vai reencontrando a nossa luz e se iluminando. Nos conectamos com a luz do mundo. Nos conectamos com a luz dos outros. Até nos tornarmos pessoas tão cheias de vida que mesmo quando estivermos dentro da escuridão conseguiremos enxergar o quão bom o mundo pode ser. O quanto de luz a gente tem e o quanto de amor a gente pode emanar e receber. Até que a gente entende que tudo pode ser transformado e compreende o tamanho do nosso poder. Isso pode ser visto de muitas maneiras e é o que muitos chamam de transcender.

Não existe nada na Terra que resista a alguém que vai atrás do que quer até conseguir. Não existe matéria que resista à repetição. A rocha é muito mais forte do que a água, mas a água tanto bate que dissolve a rocha. Quem sete vezes cai levanta oito. As pessoas que mais brilharam até hoje foram as que transformaram suas maiores fraquezas em suas maiores fortalezas. Aquelas que não desistiram de si mesmas e não deram ouvidos às descrenças e críticas alheias quando escutaram a verdade do próprio coração. Vamos esquecer as teorias. A vida é prática o tempo todo. Produtividade nos leva a resultados. Procrastinação nos leva a mais procrastinação.

Talvez a gente não acerte de primeira, e é bem provável que não mesmo. Vamos nos transformando ao longo do caminho. Quando usamos a repetição positivamente para criarmos o que quer que seja, derrubamos barreiras, derrubamos crenças cerebrais que nos limitam, derrubamos o próprio limite. Precisamos descobrir qual é a resistência do nosso cérebro e onde ele vai querer nos parar para que a gente possa se destravar. Quem confia no próprio poder se torna imparável. Para isso, é preciso que a gente solte a mente. Liberte-a.

Tudo o que acontece com a gente pode ser usado como ferramenta de crescimento em diferentes níveis. A capacidade de absorver da melhor maneira esse crescimento vai determinar a efetividade e a agilidade dos resultados. À parte disso, temos quatro ferramentas importantes que atuam como catalizadores. A primeira é ter um foco, um objetivo. A segunda é acreditar que é possível. A terceira é se munir de informação e agir. A quarta é conhecer pessoas. Ter contatos. Se conectar com o outro.

Quando descobrimos nosso propósito, parece que pessoas se afastam, até acabamos "perdendo" alguns amigos, e outras se aproximam. Na verdade não é perda. É mudança na frequência, e isso vai atrair quem vibra na mesma onda e separar quem está em outra vibração. Gaste energia em prosperar. A vida é muito curta pra gente ficar inventando problema onde não tem. Guarde energia pro que realmente importa. E não tente fazer o que todo mundo faz. Se fizer do jeito que todo mundo já fez, dificilmente isso irá condizer com sua missão e mais dificilmente ainda você atingirá os resultados que espera. Materializar um pensamento exige disciplina e dedicação. Não é necessário trabalhar mais. É necessário trabalhar melhor. Não é necessário pensar mais.

É necessário pensar melhor. Não é necessário se conectar mais. É necessário se conectar melhor. Aumente a qualidade das suas ações, relações e pensamentos, e não necessariamente a quantidade deles.

Existe um caminho especial para cada um aqui
E quem se conecta com isso testemunha o mar abrir
Descobre para onde seguir
E junto da frequência
Se alinha com o sentir
Se estamos na melhor vibração e nos sentindo bem
Nossa missão pode até demorar, mas vem
Saber esperar é importante,
mas se trabalhar nos leva além
Persistir é atitude de quem não quer virar refém
Expandir é consequência de quem
não acredita em barreiras
Os limites desaparecem e o que parecia ser o fim
Acaba sendo mais uma fronteira

Existe um grande conflito dentro de nós que fica entre "se for para ser, será" e "se queremos que aconteça, temos que ir atrás". A vida vai trabalhar com um pouco de cada. Mas, realmente, não vamos ficar desesperados correndo atrás das borboletas. Quando cuidamos da gente, elas aparecem e, mais do que isso, a gente começa a percebê-las. É esse o nosso trabalho lá do começo, o plantar. Agir é indispensável e confiar também, mas não é só isso, como a gente pode perceber. Tem muita gente com muito talento que trabalha a vida toda, se esforça, dá o seu melhor e não atinge o sucesso pessoal e profissional, enquanto outros em pouco tempo encontram as oportunidades certas e conseguem o que sempre sonharam. Essa parte que ninguém explica nunca foi sorte... O universo é regido por leis e energia. Toda energia pode ser direcionada. Tem gente que mesmo inconscientemente aprende a direcioná-la de forma eficaz e tem gente que ainda não conseguiu. Podemos trabalhar no medo ou no amor.

Energia é informação. E toda informação pode ser alterada. Nossa consciência também faz parte dessa energia, ou seja, nossa consciência também é informação, que pode ser alterada e transferida. Podemos moldar nossa consciência da forma como quisermos. Quando entendemos isso temos nossa vida em nossas mãos. Quando não entendemos, nossa vida está nas mãos dos outros.

As leis do universo trabalham a partir dessa consciência criada. Enviamos uma informação e recebemos a resposta dessa informação. A manifestação acontece muito antes de se materializar e isso não tem a ver com o momento em que estamos conscientes rezando, meditando ou tentando manifestar algo. O nosso ponto de atração é gerado através da predominância das nossas emoções, intenções, ações e pensamentos diários, a todo momento. No trabalho, em casa, no trânsito etc., através das nossas atitudes com nós mesmos e com as pessoas que passam pelo nosso caminho o tempo todo, através da nossa visão de mundo. Estar consciente consigo o máximo de tempo possível, elevando a vibração a partir da gratidão, é uma das maneiras de elevar o ponto de atração e ativar o poder de manifestação. Por isso, colocar a empatia, a compaixão e o amor como pontos-chaves dentro de nós se torna bastante eficaz.

A arte, a dança, o esporte e o teatro, por exemplo, são

ferramentas incríveis de autoconhecimento e muito importantes principalmente em uma sociedade que chega nesse despertar. Usar o corpo e a criatividade. Quanto mais a gente trabalha nossa linguagem corporal, nossa concentração, nossa imaginação, nossa intenção e junta tudo isso ao sentir, mais a gente aumenta o poder de manifestar.

Quando a gente vive uma situação na nossa mente, provoca a sensação e emite a onda, aquela frequência se expande, gerando informação dentro do nosso ponto de atração. Quando queremos manifestar algo, podemos viver a situação com a gente mesmo, dentro da nossa mente, e gerar o sentimento, o momento e o pensamento. É o nosso ser com a vida. A partir daí, aquilo já existe. Passamos para a parte de materializar, para transformar a realidade colocando em prática nosso propósito, mas sempre para o mundo e não para alimentar o ego. Por isso, uma das partes mais importantes na hora de cocriarmos a nossa realidade é sermos honestos com nós mesmos sobre o nosso desejo, se ele é para o bem maior ou apenas para suprir uma carência egoica. Além de não interferirmos no livre-arbítrio do outro, para também nos poupar de gerar carmas de apego.

Depois de analisarmos isso, se a conclusão for positiva, exercitamos nosso poder de manifestação e sopramos as expectativas ao vento. Precisamos desapegar delas para deixar a vida realmente surpreender. Não se apegar aos resultados é a chave para evitar frustração e evitar que a ansiedade corte a vibração criada. Perceber que, sim, é bom conseguir o que queremos, mas que também já temos tudo aquilo que precisamos. Um dos grandes segredos para uma vida abundante está aqui: abaixe as expectativas e aumente as bênçãos. Perceber os sinais que a vida manda e conversar com ela. Agradecer. Conversar consigo mesmo. Tem gente que fala que falar sozinho é coisa de louco... Eu sinto que é isso que vai nos manter sãos.

A vida não trabalha sozinha. Se temos pouco e não lidamos bem com esse pouco, tampouco o universo consegue nos enviar mais. Às vezes a gente precisa se perguntar se já estamos prontos pra receber o que estamos pedindo. Se vamos saber lidar bem com essa realização e suas consequências. Se estamos preparados para lidar com as novas responsabilidades desse desejo. Cada próximo passo vai exigir um pouco mais de nós. Cada vez que a gente conquista um sonho, esse sonho também traz novos desafios. A gente acaba pensando muito na parte boa e no papel do universo e se esquece de ver o próprio processo. O próprio trabalho dentro dessa mudança que queremos. E também na nossa evolução, porque tem horas que o que pedimos foge do processo pelo qual estamos precisando passar.

Criar uma vida melhor exige mudança. O que estamos fazendo hoje para realizar o nosso sonho é mais importante do que o próprio sonho. A vida é completamente abundante. A abundância não vive no futuro. Ela vive no presente e só a consciência de um presente abundante consegue transformar a nossa vida na riqueza que é. Quando a gente se prepara para receber, agradecendo o que já tem, as bênçãos são realmente infinitas e começam simplesmente pela alegria de poder apreciar o mar, o Sol, o céu e mais um dia.

Às vezes também pedimos algo que não é o melhor pra gente. De novo, o ego cego dentro do inconsciente. Às vezes pensamos que a vida demora muito para mudar, para melhorar, sem entender que quem muda primeiro somos nós. A mudança externa é pura consequência. A vida não é sobre o que acontece com a gente ou sobre como a gente decide reagir. A vida é cem por cento resposta de como a gente decide **agir**. E é preciso ser bem específico na hora de manifestar nossos desejos, além de ficar atento com os pensamentos, principalmente, na hora de simplesmente viver. A gente está o tempo todo criando. Não tem nem uma hora do dia, que nossa mente não esteja pensando algo dentro de si. Paranoias se transformam em verdadeiras histórias, nos causando uma infinidade desnecessária de emoções e baixas vibrações que, se não cuidamos, podem nos bagunçar. Talvez por não entender muito bem as razões da vida. Talvez por não entender muito bem o porque de nós nesse sopro de tempo. A pergunta se desdobra, abre portas e mais portas até a gente decidir entrar nesse portal.

Então a gente começa a sentir no âmbito mais profundo dos sentidos. Quando a gente é praticamente obrigado a tirar as vendas para nos enxergar além do corpo em partículas. Quando a gente começa a se dar conta de muita coisa que antes não enxergava. Nesse momento a gente não busca mais porquês. A gente não quer mais mascarar o que está sentido. Queremos descobrir o que vive dentro de nós e o que faz essa força interna crescer, expandir e se tornar infinita assim como o universo que nos cria e nos mantém vivos todos os dias.

A gente percebe então que tudo o que vemos com os olhos e embalamos em conceitos é projeção. E o que realmente importa é a conexão. Com tudo e com nós mesmos. Com o outro. Com o cosmo. Com o solo. Assim a alma que antes estava perdida reencontra seu colo. A gente se abraça. E se ama. Não pela imagem que criamos de nós, mas pelo que somos a parte de tudo o que inventamos. Pelo que somos quando fechamos os olhos. Pelo que descobrimos depois de abrirmos os olhos. E então podemos amar o que vemos, o que temos, o que queremos. Mas a alma sabe que isso não nos define. Quando ela esquece, ela chora. Põe pra fora. E revive.

E não tem nada mais forte, intenso, profundo e transformador do que uma alma quebrada que aprendeu a colar seus pedaços e, mesmo se sentindo insegura, se permitiu dar o próximo passo e se reconstruir. A alma então aprende a se deixar fluir... A gente volta às nossas raízes de maneira profunda e intensa. Liberta o nosso ser e começa a sentir as bênçãos infinitas, até que tudo o que era dor se transforma em calma. E tudo o que era ego se transforma em alma.

Depois de tantos processos, a gente começa a perceber que a vida não precisa ser tão complicada assim, tão corrida assim, tão conturbada assim, tão "assim"... Com o tempo a gente aprende a não gastar nossa energia com o que não vale a pena. Com o outro a gente se reflete. Com nós mesmos a gente se aprofunda. Com a vida a gente vê que isso é só uma passagem e investimos a nossa energia no que nos eleva. E assim a gente cresce, evolui, se melhora. E a nossa vida começa a melhorar em todos os sentidos. Viajamos pra dentro de nós e encontramos destinos inimagináveis. Com cada mergulho, tudo parece mais claro. E cada vez mais vamos elevando nossa vibração e atraindo mais do que realmente merecemos. E todos merecemos.

Com o tempo a gente entende... Pouco... Mas entende um pouco mais do que entendia um tempo atrás. Assim vamos descobrindo o mundo e nos descobrindo, até descobrir uma maneira de viver simples, mas com uma simplicidade inexplicavelmente alegre. Com uma imensa paz. E a felicidade toma conta do nosso ser simplesmente por estarmos vivos. É ai que a gente sente que estamos no caminho certo. Porque o que o mundo diz já não toma mais conta de nós. As expectativas dos outros já não nos dizem muita coisa. Os insultos e julgamentos muito menos. E então elevamos nossa consciência para compreender o outro como nos compreendemos e vice-versa. Para evoluir com o outro da mesma maneira como queremos evoluir conosco. O que antes era uma vida complicada e cheia de problemas se torna uma vida cheia de realizações e aprendizados. Repleta de caminhos e evoluções. Até que a gente entende do que tanto falavam... Tudo depende de nós.

Quando uma pessoa se conecta consigo mesma e com a vida, ela não luta mais contra o mundo, ela aprende a lutar a favor dele e de si mesma. Ela percebe que a vida nunca aconteceu contra ela e sim para ela. Ela percebe que ela e o universo são a mesma coisa. Percebe que o divino vive dentro dela e dentro de cada um aqui. Percebe que o divino se manifesta através do amor.

Poderosa energia de ativação de milagres, o amor é a maior força que existe, e é por isso que, se o amor invade a maioria, rapidamente vira epidemia. Uma pessoa que não acredita no amor vai atrair várias situações em que a falta de amor estará presente porque ela enxerga as situações através da falta. E as situações se repetirão até que ela escolha acreditar e comece a ver o amor por toda parte.

Valorize suas batalhas. Suas conquistas. Seu momento hoje. Seu agora. O ego é insatisfeito, vive no futuro e quer deixar a gente assim também. Mas a gente já é completo e, mesmo dentro do incerto, com milhões de defeitos, o divino que nos habita é perfeito. Mesmo ainda tendo um longo caminho, a vida se dá em um passo de cada vez. Temos muito o que melhorar, muito o que mudar e um bom tanto para evoluir. Mas quem somos hoje já é o suficiente para nos fazer sorrir. Quem não se aprecia no agora dificilmente terá a motivação necessária para seguir.

> ÀS VEZES PENSO QUE NÃO PERTENÇO
> MAS AÍ EU PENSO...
> SE ESTOU
> SÓ DE ESTAR
> JÁ NÃO PERTENÇO?

Ser quem se é, é chegar com algo pra somar aonde quer que vá. É aprender ao mesmo tempo em que se ensina. É quebrar padrões. É criar tendências. É fazer o outro pensar e respeitar. É aprender a pensar e respeitar. Pessoas repetidas não geram mudança, não discordam, não têm opinião própria. Ficam em cima do muro procurando a próxima cópia. Talvez tenha chegado a hora de entendermos que o maior valor da vida está na simplicidade e na honestidade de sermos realmente nós mesmos, sem esquecer que somos um. Mesmo quando parece que somos um peixe fora d'água, ou que não pertencemos a algum lugar, sempre teremos algo para aprender e ensinar. Se estamos ali, é porque precisamos estar.

E independentemente de qual for a sua fé, porque a fé pode ser mesmo o céu e o mar... A gente sempre terá razões para acreditar. Resumindo o que falamos até aqui, cair faz parte e o que cura não é o tempo, é a vontade. Se a gente pensar, a vida se reinicia todo dia. E acabamos superando até o insuperável. Não é que tenhamos o coração frio ou memória de peixe, ou que no fim ninguém acabe fazendo nada... É que primeiro a gente precisa reacessar a cura que existe em nós e aprender a lidar até com o que a gente não considera certo. Porque a real transformação está mesmo em construir o novo. Muito mais do que lutar contra o antigo. Transformar o que podemos, aceitar o que por hora não podemos mudar e confiar que a vida, mesmo que não pareça, é justa da sua maneira. Mesmo assim, tem dias em que a gente vai cansar, vai travar. Aqueles dias em que a alma desanima, em que a mente da erro e parece que nada faz sentido de novo... Tem horas que até a gente precisa se reiniciar.

Me reinicio porque preciso
Porque penso
Porque respiro
Porque VIVO
E não simplesmente existo

Vivo para honrar a vida que vive em mim
Vivo para honrar as batidas que me mantêm...
VIVO

Tem horas, também, que não vivo
Apenas existo
E peço para que o tempo passe rápido
Sem perceber da pressa com que já voa o vento
Sem perceber da sutileza com que se termina a vida
Sem perceber da ventania com que se arrasta o tempo

Sem perceber
Que a gente pede para que cheguem as férias, o fim do
ano e o fim de semana
E assim pede que a gente por aqui
passe ainda mais depressa
É como sobreviver na maioria do tempo
Para se permitir viver apenas em breves momentos
Breves momentos que vêm como recompensa
No meio de um nada de tempo que sobra
Breves momentos que mesmo sendo tão breves
Já fazem a vida valer a pena
Porque no resto do tempo a gente só se cobra.

Breves momentos de conexão com a essência
Que nos mostram como faz diferença
Questionar o modo de vida hoje
Para transformar essa energia densa

Breves momentos que quando já não tão breves
Transformam a mente
E quando vividos a fundo
Transformam a gente

SÃO BREVES MOMENTOS
QUE TRANSFORMAM O MUNDO

A BUSCA DE NADA VALE SE NÃO DESVENDARMOS O MISTÉRIO DE QUE TUDO O QUE BUSCAMOS, SE NÃO ENCONTRARMOS EM NÓS MESMOS, NÃO ENCONTRAREMOS FORA

Esqueça por um instante carros, casas, apartamentos, bolsas, relógios, roupas e sapatos. Esqueça só por um momento academia, cabeleireiro, rugas, cicatrizes, manchas, filtros, pesos, formas, aparências e padrões. Esqueça um pouco os celulares, notificações, televisões e cinema. Esqueça a mídia, os noticiários e as revistas. Esqueça os alimentos industrializados, processados, adulterados, embalados. Esqueça a moda, o consumo desenfreado e o tapete vermelho. Esqueça as contas, esqueça o aluguel, esqueça prestação, esqueça o mundo inteiro.

Feche os olhos. Sinta o vento que toca nossa pele. O vento que bagunça o cabelo e o ar que a gente respira. Sinta a força que nos mantém firmes no chão. A água que cai do céu, a água que nos mergulha e a água que a gente bebe. Sinta o mato que cresce, as frutas que caem das árvores, a cura que vem da terra. Sinta cada célula tua se conectando com o todo e todo o teu ser se conectando com tudo. Sinta toda a vida que existe aí dentro. Sinta a vida toda que existe aqui fora. Sinta sua essência mais pura. Sinta toda essa paz que é possível sentir quando a gente esquece todo o resto... E agora estamos um pouco mais perto de voltar a fazer parte de tudo aquilo que existe em nós.

E DE TÃO LEVE A GENTE VOA

Deixa ir o que não serve mais. O que não cabe no coração, na cabeça ou no armário. Desata o nó da possessividade em cima de coisas, situações e pessoas. Isso é ilusão. Nada na verdade nos pertence. Nem o tempo, nem o vento, nem a gente mesmo. É tudo tão passageiro. Tudo é energia e a energia de tudo precisa fluir. A energia de tudo precisa estar leve para que a gente possa voar em direção aos nossos sonhos e propósitos. Assim, saímos de pensamentos, coisas e situações que nos deixam na ilusão de querer sempre mais. Chegou a hora de a gente se libertar. A simplicidade tira do ombro todo o peso que o mundo insiste em nos colocar.

ME PERMITO SER LEVE O BASTANTE
E ME ELEVO MAIS UM TANTO
PARA QUE O INSTANTE
NUNCA PERCA O ENCANTO
DE ME NAMORAR

Faço de cada instante meu encontro com a vida. Faço da minha vida um mar imenso de aproveitar instantes. Vou sem lenço, sem documento, em meio ao vento, no meio do tempo. Um segundo de cada vez. Cada mudança traz novos começos. Parei de acreditar em rótulos. Deixei de acreditar em limites. Comecei a acreditar em mim. Me deixei ser livre para conquistar todo dia mais liberdade. Alguns chamam de loucura, eu chamo de felicidade. Vou desapegando daquilo que o mundo teima e que todo mundo diz. Se tem algo que para o mundo capitalista é louco é que aprendi a ser feliz com pouco. Foi quando a vida me deu tudo e o universo chegou a ficar mudo de tanto que eu paro para agradecer. Em céu aberto é que eu rezo, o mar é minha igreja, toda energia boa eu prezo, não importa qual energia boa seja. Na areia é onde eu piso, não fico mais dando aviso, faço o que eu quero e preciso fazer. Cada estrela é um caminho, há muito tempo que eu saí do ninho e posso até andar no chão, mas minha alma será sempre, eternamente... Alma de passarinho.

E foi voando que me levei pra Okinawa, no Japão, onde eles vivem a expressão "Ichariba chode", que diz que, quando você encontra alguém, mesmo que apenas uma vez, mesmo que por acaso, vocês se tornam amigos para a vida. Se calhou de nos esbarrarmos, somos irmãos e irmãs. Eles não só vivem mais, como vivem melhor e mais felizes. Então, se você chegou até aqui, te digo do fundo do meu coração, minha irmã, meu irmão, seguimos juntos nessa vida.

Acredito no amor
Não sei ser de outro jeito.
De outro jeito não quero ser
Me falam que eu vejo o bem em tudo
Me dizem que não dá pra ver

Mas se sou eu que decido
A realidade em que vivo
Porque buscaria o pior todo dia?
Se penso, logo crio
Se crio, logo existo

Autorresponsabilidade
Faço o que quero fazer
A vida é criação do que eu decido viver
Qual o benefício de me apegar na revolta
Se a escola da vida existe pra gente aprender?

Cada um tá numa sala diferente

Em outro grau de consciente
Em outro subconsciente
Que só algo além da gente
Consegue entender

Tanto trauma, tanta mágoa
Tanto carma, tanto dharma
Nesse planeta água

Tudo o que vai volta
Isso eu já vi pra crer
A justiça da vida não falha
E o nosso ego quer resolver

O ego impulsiona o medo
O medo impede a vida
O amor
Faz a gente viver

Olhamos muito pra fora
Olhamos pouco pra nós

Quando adentramos a mente
Quando realmente
Conhecemos a gente
O universo revela sua voz

Parece papo de louco
Parece superstição
Alguns chamam de O Segredo
Outros de intuição
Tem um arrepio de confirmação

A gente não tá sozinho...
Te garanto que a gente não tá não

E esse mundo a gente cria
Vai além do que acredita
Não importa de onde vem
Importa a transformação

É como alcançar as possibilidades
Dentro do tempo, do agora e da imensidão

Assim a vida se recria
Pelo que a gente quer
Na nossa própria invenção
É como se encontrasse o infinito
Para ser criador e não mais só criação

Quando a gente entende o que é a nossa energia, a nossa vibração e o que elas são capazes de fazer, quando nos conectamos de verdade com a força da natureza e conectamos isso à nossa intuição, ao nosso interior, presenciamos o poder do universo. Quando fechamos ou abrimos os olhos para sentir o ser em sua pura essência e sentimos esse poder agindo em nós... Se esse processo termina ou não termina mesmo aqui; se você acredita em Um ou mais Deuses; se você é religioso ou ateu e tudo o mais que você, eu ou o outro aparentamos ser, ter e fazer... Não vem mais ao caso. Então quem somos nós quando não somos mais o que fazemos, o que temos, o que aparentamos, o que acumulamos e o que pensamos que somos?

Se renda ao que puramente você é
E o sofrimento acaba
Porque quando a gente descobre o que somos
Percebemos que tudo o que queremos é possível
Ao mesmo tempo em que
não precisamos de mais nada

Coloque o seu poder e potencial na prática
Porque a teoria não basta
E independente da verdade em que você aposta
Busque a si mesmo em vez de uma só resposta

E SE REVISITE...
ATÉ VOLTAR ÀS RAÍZES!

Desde a conexão mais profunda da Terra,
até a conexão mais alta do Céu.
Renascemos milhões de vezes em uma vida só
e o que parece ser o fim é apenas o começo.

ATÉ O PRÓXIMO LIVRO!

GABI ARTZ

AME

EMANE

UNA

SINTA

GRATIDÃO IMENSA A TODOS VOCÊS!

Adriana Penteado
Adriana Villares
Adrielli Roman
Ale Misturi
Aline Bicalho
Alvaro Anspach
Amanda Bambu
Amanda de Oliveira
Ana Clara Sanchez
Ana Gonçalves
Ana Luiza Peti
Ana Pitança
André Noro
Andreza Lage
Aryane Wosniak
Beatriz do Nascimento
Beatriz Carafizi
Bruna Bracale
Caio Braga
Camila Amorim
Carolina Borges
Carolina Nery
Cau Braga
Cecília Campos
Celú
Claudia Pinagi
Cleide Morais
Cris Oliveira
Diego Borges

Djelma Resende
Dryka Araujo
Eduardo Matere
Eliseu Lopes
Elisiane Pereira
Elizete Senna
Everton Guilherme
Fabiana Valéria
Fernanda Lima Fernandes
Fernanda Navarro
Fernando Dian
Fernando Suhet
Gabriel Bracale
Gabriela Salomão
Gabrielle Passos
Haley Caldas
Ísis Midlej
Irys Pereira
Iury Duarte
Janiere Viega
Joyce Muller
Joice Oliveira
Josimeire Lins
Júlia Gallego
Juliana Cristine
Juliana Roeber
Juliano Lima
Junior Soares
Karla Balsano

Laura Carvalho
Letícia Nascimento
Letícia Sasseron
Lila Bittencourt
Lorrane Alves
Lu Ghenov
Luana Prazeres
Lucas Maroca
Lucas Rodrigues
Lucia Maroca
Lucia Olhar de Criação
Luis Fellipe Hauth
Marina Lopes
Maly Mota
Mário Sant'Anna
Mara Gomes
Mara Guimarães
Marcele Lima
Marcelo Ribeiro
Maria Clara
Mariana Roeber
Marília Gabriela
Nani Froment
Natalia Cirne
Nayara Resende
Ntiuira
Núbia Brandão
Pamela Chaves
Patrícia Freires

Paula Almeida
Rafaela Santos
Rafael Lopes
Rafaela Sotto
Régia Freitas
Renata Ribeiro
Rita Correa
Roberta Moraes
Roberta Oliveira
Rodrigo Moraes
Roseane Argolo
Roseli Andreatta
Saula Tarallo
Stela Bueno
Sthefanny Ribeiro
Tainara Costa
Talles Lucchesi
Tassia Telles
Tais Doreto
Taís Lima
Thays Lopes
Thiago Tarallo
Vanessa Celestino
Vania Marques
Vagne Novais Costa
Varlene Matos
Vitor Lopes
Yasmin Lucchesi

coleção

Compartilha

A diversidade de vozes que se fazem ouvir nas redes socias deu uma pista certa para Crivo Editorial: repercurtir múltiplos autores e múltiplas histórias e escritas presentes na web. Vozes repletas de vivências, significados e sentidos... Vozes diversas que se fazem ouvir diariamente! Esta é a Coleção Compartilha! Um novo espaço na Crivo, para autores da internet. Curtir, interagir e compartilhar!

AUTORES:
Volume 1: "500 dias sem você" - Samantha Silvany
Volume 2: "Diálogos com o coração" - Daniel Araújo
Volume 3: "Até voltar às raízes" - Gabi Artz

Neste livro foram utilizadas as fontes Kefa e AFL Font nonmetric BT. Miolo em papel Couchê 115gr e capa em Cartão Supremo 250gr. A tiragem de 2000 exemplares foi feita em setembro de 2019 pela Crivo Editorial e impressa na Gráfica Formato.